バターなしでおいしい
ケーキとマフィン

吉川文子

Muffins, Pound Cakes, Square Chiffon Cakes

焼き菓子は秋も深まるころが本番、と思っていましたが、
植物油を使ったお菓子を作りはじめた頃から、
その軽やかなおいしさに惹かれ、季節を問わず、焼き続けるようになりました。

食べたい時、すぐに作れる手軽さと、後味の軽さは植物油のお菓子ならでは。

特に、生地に空気や水分を抱き込ませながら作る、
ふんわり、しっとりとしたタイプの焼き菓子は、
のど越しがよく、お子さんからお年寄りまで、みんなの人気ものです。

ぐるぐる混ぜるだけで、あっという間にできるマフィン、
卵を泡立てて作る、軽い食感のパウンドケーキ、
そしてシフォン型のいらない、バットで作るスクエアシフォンケーキ。

どれも身近な材料を使った、シンプルなレシピでご紹介していますが、
混ぜる順序や材料の合わせ方など、
ちょっとしたコツをつかんでいただくことで、
驚くほど食感がよくなり、おいしさアップにもつながります。

みずみずしいフルーツや香ばしいナッツ、
アイシングなどで華やかさを添えれば、おもたせにも喜ばれる一品に。

四季を通じて、焼き菓子の魅力を味わっていただくきっかけとなれば嬉しいです。

吉川文子

introduction

chapter 1
ぐるぐる混ぜでマフィン

contents

- 02　はじめに
- 08　本書で使う3つの生地のこと
- 10　材料のこと
- 11　道具のこと

- 14　基本のバニラマフィンの作り方
- 16　ブルーベリー・バナナマフィン
- 18　パイナップルとココナッツのマフィン
- 20　フレンチトーストマフィン
- 22　オートミール・レーズンマフィン
- 24　ほうじ茶ときなこクランブルのマフィン
- 25　メープル・ウォルナッツマフィン
- 28　ダブルチョコレートマフィン
- 30　ジンジャーブレッドマフィン
- 32　パンプキンマフィン
- 34　ピーナッツバター・コーヒーマフィン
- 36　ピーチコブラーマフィン
- 38　マンゴーマフィン
- 40　抹茶とショコラのマーブルマフィン
- 42　コーンブレッドマフィン
- 44　オニオンマフィン
- 46　梅と塩昆布の米粉マフィン
- 48　野沢菜と塩麹のマフィン
- 50　ピッツァマフィン

chapter 2
しっとり&ふんわりパウンドケーキ

- 54 　基本のバニラパウンドケーキの作り方
- 56 　キャラメルナッツパウンドケーキ
- 58 　軽やかガトーショコラ
- 60 　オレンジケーキ
- 62 　クランベリーとレモンのケーキ
- 63 　トロピカルケーキ
- 66 　カフェオレケーキ
- 68 　キャラメルミルクティーケーキ
- 70 　サングリアケーキ
- 72 　モヒートケーキ

Pound Cake

本書の使い方

◎ より正確な計量を行うため、この本では牛乳などの液体もグラムで表記しました。

◎ 大さじ1＝15㎖、小さじ1＝5㎖です。

◎ オーブンの温度と焼き時間は目安です。ご自宅の機種に合わせて、様子をみながら調整してください。

◎ 電子レンジは500Wのものを使用しています。600Wの場合は、加熱時間を0.8倍にしてください。また、特に記載のない場合、ラップは不要です。

◎ 電子レンジ一体型のオーブンを使用する場合、オーブンの予熱を設定する前に、電子レンジを使う工程を済ませてください。

chapter 3
バットで作るスクエアシフォンケーキ

- 76 　基本のバニラスクエアシフォンの作り方
- 78 　バナナとくるみのシフォン
- 80 　サマープディングシフォン
- 81 　りんごのシフォン タルトタタン風
- 84 　宇治金時シフォン
- 86 　アプリコットとアーモンドのシフォン
- 88 　マーブルシフォン
- 90 　柚子としょうがのシフォン
- 92 　ごまとクランベリーのシフォン

Square Chiffon Cake

本書で使う3つの生地のこと

本書で紹介する
マフィン、パウンドケーキ、
スクエアシフォンケーキは
バターの代わりに植物油を使います。
どれもふんわりしっとりとした食感で
驚くほど軽やかな口当たり。
3つの生地の特徴を知れば
簡単に、おいしく仕上がります!

作り方のポイント

マフィン＆パウンドケーキ
乳化

水分と油分をつなぐように、しっかり混ぜて乳化させることが大事。

スクエアシフォンケーキ
乳化＋メレンゲ

卵黄生地はしっかり混ぜて乳化させること。また、冷やした卵白を使うことできめ細かいメレンゲとなり、しっとりなめらかな口当たりに。

3つの生地の特徴

ふんわり
しっとり
軽やか

Muffin

Pound Cak

Square Chiffon Cake

▶ *Muffin* マフィン

◎ ボウルで材料をぐるぐる混ぜて焼くだけなので簡単。
◎ バターの代わりに植物油を使い、
　しっかり乳化させることで軽やかな口当たりに。
◎ ヨーグルトなどを効果的に使うことで、
　しっとりと仕上がる。

▶ *Pound Cake* パウンドケーキ

◎ 水分と油分を結合させたフレーバーオイルの効果で、
　口溶けよく、しっとりとした食感に。
◎ 卵をしっかり泡立てることで、生地に空気が含まれて
　軽やかな口当たりに。

▶ *Square Chiffon Cake* スクエアシフォンケーキ

◎ シフォン型を使わず、家庭にあるバットで手軽に作れ、
　取り出しもスムーズ。
◎ 従来のシフォンケーキより作り方がシンプル。
◎ 従来のシフォンケーキより粉量が多く食べ応えがあるが
　メレンゲをしっかり立てることで食後感は軽やか。
◎ トッピングができるからアレンジの幅も広がる。
◎ つぶれにくい生地なので、持ち運びしやすくプレゼントに最適。

・食べ頃
焼成後、粗熱が取れた頃〜3日間。パウンドケーキ、スクエアシフォンは、翌日以降、徐々にしっとり感が増していく。

・保存方法
食べきれない分は、冷凍保存がおすすめ。マフィンはそのまま、パウンドケーキとスクエアシフォンは切り分けてラップに包み、保存袋に入れて冷凍庫で2週間ほど保存可能。電子レンジで20〜30秒加熱して解凍するか、自然解凍する。

材料のこと

A:薄力粉 B:強力粉

手に入りやすいものでOK。

C:卵

Mサイズ(1個 卵黄 約20g、卵白 約35g)を使用。

D:アーモンドパウダー

E:グラニュー糖
F:きび砂糖

バターを使わないため、風味豊かに仕上がるきび砂糖を使います。メレンゲやキャラメルソースには、溶けやすいグラニュー糖が適しています。

G:サラダ油

サラダ油やなたね油など、くせのない、手に入りやすいものでOK。太白ごま油もおすすめ。

H:ベーキングパウダー

アルミニウムフリーを使います。

I:牛乳

成分無調整牛乳を使用。生地に加えることで、うまみが加わります。

J:はちみつ

K:プレーンヨーグルト

生地をしっとりさせて、風味やコク、うまみをプラスします。使うときは、容器にたまった乳清(水け)をのぞくこと。

L:バニラオイル

道具のこと

A：泡立て器
全長23〜27cm程度で、ワイヤーのしっかりしたものを選びましょう。

B：ボウル
直径18cmくらいの大きさで、深さがあるボウルがよい。注ぎ口があるものは、生地を流し込むときに便利。

C：ケーキクーラー

D：ふるい
目の細かい、持ち手つきのざるがおすすめ。

E：ゴムベラ

F：菜箸・竹串
生地にマーブル模様をつけるときに使います。

G：バット
この本でスクエアシフォンに使うのは、オーブンに入れられるステンレス製。ほうろう製でも可。26×20×4cmです。

H：ハンドミキサー
パウンドケーキの全卵生地やスクエアシフォンケーキのメレンゲ作りに必須です。

I：マフィン型・マフィン用グラシン紙
直径7cm、高さ3cmのカップが6個つながったマフィン型を使用。

J：パウンド型
18×8.5×6cmを使用。

K：オーブンシート

L：カード
クランブルを作るときに使います。

M：はかり
デジタル表示のスケールなら、液体もgで計量できるから便利。

N：耐熱容器（ボウル）
電子レンジ加熱に使用。直径13cmくらいの小さめのサイズが便利です。

ぐるぐる混ぜでマフィン

Muffin

chapter 1

生地作りは、ひとつのボウルの中で材料をぐるぐる混ぜるだけ。
ヨーグルトなどの効果で、軽くてふんわり、しっとりした生地に。
定番のアメリカンマフィンや和テイストのものから、
軽食や子どものおやつにもおすすめの塩味マフィンまで、
バリエーション豊かな19レシピをラインナップ。

| Sweet Muffins | Savory Muffins | Pound Cakes | Square Chiffon Cakes |

基本の
バニラマフィンの
作り方

＊完成写真はp.13

材料

直径7cmのマフィン型5個分

卵 … 1個
きび砂糖 … 70g
サラダ油 … 40g
プレーンヨーグルト … 50g
牛乳 … 10g
バニラオイル … 少々
A ┃ 薄力粉 … 80g
　┃ ベーキングパウダー … 小さじ2/3

下準備

・卵は室温にもどす。
・Aを合わせてふるう。
・型にマフィン用グラシン紙を敷く。
・オーブンを180℃に予熱する。

作り方

1

卵と砂糖を混ぜ合わせる

ステンレス製のボウルに卵ときび砂糖を入れて泡立て器で混ぜる。

2

弱火にかけて砂糖を溶かす

ごく弱火にかける。卵液が人肌程度に温まるまで混ぜ、砂糖をしっかり溶かす。ボウルの底に指でふれてみて、ほのかに温かくなっていればよい(やけどに注意すること)。

3

サラダ油を加えて乳化させる

火からおろし、サラダ油を数回に分けて加えながら、泡立て器でよく混ぜて乳化させる。

How to make
Basic Vanilla Muffins

4

ヨーグルト、牛乳、バニラオイルを加える

ヨーグルトを加え、ダマがなくなってなめらかになるまで混ぜ、牛乳とバニラオイルを加えてよく混ぜる。

5

ぐるぐる

粉を加える

Aを加え、泡立て器をまっすぐに立てて、混ぜる方向と反対にボウルを回しながら中心からぐるぐると混ぜる。泡立て器のワイヤーに粉がこもったら上に持ち上げ、ついた粉をふり落とす。

6

粉けがなくなるまで混ぜる

ゴムベラに替えて、粉けがなくなるまでむらなく混ぜる。

7

焼く

グラシン紙を敷いた型に **6** の生地を流し入れる。スプーンで流し入れるか、注ぎ口があるボウルなら直接流し入れられるのでなおよい。180℃のオーブンで約18分焼く。

8

型から取り出す

オーブンから出して、フォークなどを使って型からマフィンを取り出し、ケーキクーラーに移す。

サラダ油、ヨーグルト、牛乳は、加えたらその都度、よく混ぜて乳化させることがポイントです。材料をつなげていくつもりで、1種類ずつ混ぜていくことで、食感がよくなり、ふんわりと軽やかなマフィン生地になります。

Sweet Muffin :

Blueberry Banana Muffins
ブルーベリー・バナナマフィン

マフィンの王道、ブルーベリーと
バナナの最強コンビ。
バナナのやさしい甘みが引き立つ生地に、
みずみずしいブルーベリー果実が弾けます。
ミルクとの相性もよくて朝食にぴったりの味わい。

材料／直径7cmのマフィン型6個分
卵 … 1個
きび砂糖 … 70g
サラダ油 … 30g
バナナ … 1本(正味100g)
A ｜ 薄力粉 … 80g
　｜ ベーキングパウダー … 小さじ1
　｜ ナツメグ … 少々
ブルーベリー(冷凍でも可) … 50g
＊冷凍の場合は、凍ったまま使う。

下準備
・卵は室温にもどす。
・バナナをフォークでつぶす。
・Aを合わせてふるう。
・型にマフィン用グラシン紙を敷く。
・オーブンを180℃に予熱する。

作り方

1　ステンレス製のボウルに卵ときび砂糖を入れて泡立て器で混ぜ、ごく弱火にかける。卵液が人肌程度に温まるまで混ぜ、砂糖をしっかり溶かす。

2　火からおろし、サラダ油を数回に分けて加えながら、泡立て器でよく混ぜて乳化させ、バナナを加えて混ぜる。

3　Aを加え、泡立て器をまっすぐに立てて、混ぜる方向と反対にボウルを回しながら中心からぐるぐると混ぜる。泡立て器のワイヤーに粉がこもったら上に持ち上げ、ついた粉をふり落とす。

4　ブルーベリー30gを加え、ゴムベラに替えて、粉けがなくなるまでむらなく混ぜる。型に生地を流し入れ、残りのブルーベリーを1/6ずつ散らす。

5　180℃のオーブンで約18分焼く。オーブンから出して、フォークなどを使って型からマフィンを取り出し、ケーキクーラーに移す。

Sweet Muffin:

Pineapple Coconut Muffins

パイナップルとココナッツのマフィン

ココナッツミルクとファインをダブル使いした、しっとり甘い香りの生地とパイナップルが絶妙。暑い夏でも、いくらでも食べたくなるような、トロピカルテイストのマフィンです。

材料／直径7cmのマフィン型6個分

卵 … 1個
きび砂糖 … 60g
サラダ油 … 40g
プレーンヨーグルト … 10g
ココナッツミルク … 50g
A ┃ 薄力粉 … 80g
　 ┃ ベーキングパウダー … 小さじ1
ココナッツファイン … 20g
パイナップル(缶詰) … 3枚

下準備

- 卵は室温にもどす。
- パイナップル1枚は16等分に、残りはトッピング用に9等分に切り、ペーパータオルで水けを拭く。
- Aを合わせてふるう。
- 型にマフィン用グラシン紙を敷く。
- オーブンを180℃に予熱する。

作り方

1 ステンレス製のボウルに卵ときび砂糖を入れて泡立て器で混ぜ、ごく弱火にかける。卵液が人肌程度に温まるまで混ぜ、砂糖をしっかり溶かす。

2 火からおろし、サラダ油を数回に分けて加えながら、泡立て器でよく混ぜて乳化させる。ヨーグルトとココナッツミルクを順に加え、なめらかになるまでよく混ぜる。

3 Aを加え、泡立て器をまっすぐに立てて、混ぜる方向と反対にボウルを回しながら中心からぐるぐると混ぜる。泡立て器のワイヤーに粉がこもったら上に持ち上げ、ついた粉をふり落とす。

4 ココナッツファインと16等分に切ったパイナップルを加え、ゴムベラに替えて粉がなくなるまでむらなく混ぜる。型に生地を流し入れ、トッピング用のパイナップルを3かけずつのせる。

5 180℃のオーブンで約20分焼く。オーブンから出して、フォークなどを使って型からマフィンを取り出し、ケーキクーラーに移す。

Sweet Muffin:

French Toast Muffins

フレンチトーストマフィン

ふわっ、カリッ、ふたつの食感が合わさった、
フレンチトーストとマフィンとの意外なマッチング。
仕上げのメープルシロップが一体感をもたらします。

材料／直径7cmのマフィン型6個分
- 卵 … 1/2個
- きび砂糖 … 50g
- サラダ油 … 40g
- プレーンヨーグルト … 40g
- 牛乳 … 30g
- A
  - 薄力粉 … 70g
  - ベーキングパウダー … 小さじ1/2
  - シナモンパウダー … 少々

フレンチトースト
- バゲット … 50g
  （または食パン・8枚切1・1/2枚〈耳を除く〉）
- 卵 … 1/2個
- 牛乳 … 20g
- バニラオイル … 少々
- メープルシロップ … 20g

下準備
- 卵は室温にもどす。
- バゲット（または食パン）を1.5cm角に切る。
- **A**を合わせてふるう。
- 型にマフィン用グラシン紙を敷く。
- オーブンを190℃に予熱する。

作り方

1. ボウルにフレンチトースト用の卵を入れて泡立て器で溶きほぐし、牛乳とバニラオイルを加えて混ぜる。下準備したバゲットを卵液に手で絡めておく。表面に絡める程度でよい(a)。

2. ステンレス製のボウルに卵ときび砂糖を入れて泡立て器で混ぜ、ごく弱火にかける。卵液が人肌程度に温まるまで混ぜ、砂糖をしっかり溶かす。

3. 火からおろし、サラダ油を数回に分けて加えながら、泡立て器でよく混ぜて乳化させる。ヨーグルトを加えてなめらかになるまで混ぜ、牛乳を加えてよく混ぜる。

4. **A**を加え、泡立て器をまっすぐに立てて、混ぜる方向と反対にボウルを回しながら中心からぐるぐると混ぜる。泡立て器のワイヤーに粉がこもったら上に持ち上げ、ついた粉をふり落とす。

5. ゴムベラに替えて、粉けがなくなるまでむらなく混ぜる。型に生地を流し入れ、**1**を1/6ずつのせる。

6. 190℃のオーブンで約20分焼く。オーブンから出して、フォークなどを使って型からマフィンを取り出し、ケーキクーラーに移す。表面に刷毛でメープルシロップを塗る。

a

Sweet Muffin :

Oats & Raisins Muffins
オートミール・レーズンマフィン

アメリカンスイーツで人気の組み合わせを
手軽に作れるマフィンにしました。
オートミールは生地とトッピングの両方に使い、
ラムレーズンで大人っぽく仕立てます。

材料／直径7cmのマフィン型6個分
卵 … 1個
きび砂糖 … 40g
黒糖 … 30g
サラダ油 … 40g
プレーンヨーグルト … 50g
牛乳 … 10g
レーズン … 30g
ラム酒 … 大さじ1
A│薄力粉 … 60g
　│ベーキングパウダー … 小さじ1
　│シナモンパウダー … 少々
オートミール … 20g
オートミール（トッピング用）… 適量

下準備
・卵は室温にもどす。
・生地用のオートミールは、ビニール袋に入れて
　麺棒などで粗く砕く。
・レーズンは耐熱容器に入れ、
　かぶるくらいの水(分量外)を加えて
　電子レンジで30秒加熱する。
　ペーパータオルで水けを拭き、ラム酒をふる。
・Aを合わせてふるう。
・型にマフィン用グラシン紙を敷く。
・オーブンを180℃に予熱する。

作り方

1　ステンレス製のボウルに卵ときび砂糖、黒糖を入れて泡立て器で混ぜ、ごく弱火にかける。卵液が人肌程度に温まるまで混ぜ、きび砂糖をしっかり溶かす。黒糖は粒が残っていてよい。

2　火からおろし、サラダ油を数回に分けて加えながら、泡立て器でよく混ぜて乳化させる。ヨーグルトを加え、なめらかになるまで混ぜ、牛乳を加えて混ぜる。下準備したレーズンを汁ごと加えて混ぜる。

3　Aを加え、泡立て器をまっすぐに立てて、混ぜる方向と反対にボウルを回しながら中心からぐるぐると混ぜる。泡立て器のワイヤーに粉がこもったら上に持ち上げ、ついた粉をふり落とす。

4　下準備したオートミールを加え、ゴムベラに替えて、粉けがなくなるまでむらなく混ぜる。型に生地を流し入れ、トッピング用のオートミールを散らす。

5　180℃のオーブンで約18分焼く。オーブンから出して、フォークなどを使って型からマフィンを取り出し、ケーキクーラーに移す。

ほうじ茶ときなこクランブルのマフィン

メープル・ウォルナッツマフィン

Sweet Muffin:

Hojicha Tea Muffins with Kinako Crumble
ほうじ茶ときなこクランブルのマフィン

ひとくち頬張ると、ほうじ茶のいい香りがふんわり。
ほうじ茶茶葉も生地に加えるのがおいしさの秘訣。
香ばしい、きなこクランブルが食感のアクセントに。

材料／直径7cmのマフィン型6個分
卵 … 1個
きび砂糖 … 70g
サラダ油 … 40g
プレーンヨーグルト … 50g
A ｜ ほうじ茶茶葉(ティーバッグ) … 1袋
　｜ 水 … 50g
B ｜ 薄力粉 … 100g
　｜ ベーキングパウダー … 小さじ1
ほうじ茶茶葉(ティーバッグ) … 1袋
きなこクランブル
C ｜ 薄力粉 … 40g
　｜ きなこ … 5g
　｜ きび砂糖 … 15g
　｜ 塩 … 少々
サラダ油 … 15g

下準備
・卵は室温にもどす。
・Aのほうじ茶茶葉は袋から出しておく。
・BとCをそれぞれふるう。
　ふるったBに、袋から出した
　ほうじ茶茶葉を合わせる。
・型にマフィン用グラシン紙を敷く。
・オーブンを180℃に予熱する。

作り方

1　Aのほうじ茶茶葉を耐熱容器に入れ、分量の水を加えて電子レンジで1分加熱する。そのままおいて粗熱が取れたら茶漉しで漉し、ほうじ茶約40gを取る。

2　きなこクランブルを作る。ボウルにCを入れ、カードで外側に寄せて中心にくぼみを作り、そこにサラダ油を流す。混ぜる方向と反対にボウルを回しながら周りの粉をサラダ油にかぶせるように混ぜる。カードで切るようにして混ぜ、もろもろとした状態にする(p.37写真a参照)。

3　ステンレス製のボウルに卵ときび砂糖を入れて泡立て器で混ぜ、ごく弱火にかける。卵液が人肌程度に温まるまで混ぜ、砂糖をしっかり溶かす。

4　火からおろし、サラダ油を数回に分けて加えながら、泡立て器でよく混ぜて乳化させる。ヨーグルトを加えてなめらかになるまで混ぜ、1を加えてよく混ぜる。

5　下準備したBを加え、泡立て器をまっすぐに立てて、混ぜる方向と反対にボウルを回しながら中心からぐるぐると混ぜる。泡立て器のワイヤーに粉がこもったら上に持ち上げ、ついた粉をふり落とす。

6　ゴムベラに替えて、粉けがなくなるまでむらなく混ぜる。型に生地を流し入れ、2を1/6ずつふる。

7　180℃のオーブンで約20分焼く。オーブンから出して、フォークなどを使って型からマフィンを取り出し、ケーキクーラーに移す。

Sweet Muffin:

メープル・ウォルナッツマフィン
Maple Walnut Muffins

くるみの歯ごたえが楽しいマフィンには、
メープルアイシングのやさしい甘さがぴったり。
コクのあるメープルシロップを加えることで、
よりしっとりした生地に仕上がります。

材料／直径7cmのマフィン型5個分
卵 … 1個
きび砂糖 … 40g
メープルシロップ … 30g
サラダ油 … 40g
プレーンヨーグルト … 60g
牛乳 … 10g
メープルオイル（あれば） … 5滴
A | 薄力粉 … 80g
  | ベーキングパウダー … 小さじ2/3
くるみ … 15g
メープルアイシング
　メープルシロップ … 大さじ1・1/2
　粉糖 … 30g

下準備
・卵は室温にもどす。
・Aを合わせてふるう。
・型にマフィン用グラシン紙を敷く。
・オーブンを180℃に予熱する。

作り方

1　ステンレス製のボウルに卵ときび砂糖、メープルシロップを入れて泡立て器で混ぜ、ごく弱火にかける。卵液が人肌程度に温まるまで混ぜ、砂糖をしっかり溶かす。

2　火からおろし、サラダ油を数回に分けて加えながら、泡立て器でよく混ぜて乳化させる。ヨーグルトを加えてなめらかになるまで混ぜ、牛乳とメープルオイルを加えてよく混ぜる。

3　Aを加え、泡立て器をまっすぐに立てて、混ぜる方向と反対にボウルを回しながら中心からぐるぐると混ぜる。泡立て器のワイヤーに粉がこもったら上に持ち上げ、ついた粉をふり落とす。

4　ゴムベラに替えて、粉けがなくなるまでむらなく混ぜる。型に生地を流し入れ、くるみを手で砕きながら1/5ずつのせる。

5　180℃のオーブンで約18分焼く。オーブンから出して、フォークなどを使って型からマフィンを取り出し、ケーキクーラーに移して完全に冷ます。

6　メープルアイシングを作る。メープルシロップと粉糖を混ぜ合わせ、固ければごく少量の水を加えて調節し、マフィンにフォークですくいかける（p.31写真a参照）。

Sweet Muffin :

Double Chocolate Muffins
ダブルチョコレートマフィン

ココアパウダーを混ぜ合わせた生地に、
チョコチップをたっぷり加えて焼き上げます。
ふんわり軽やかで、チョコ好きも大満足の味わい。
ココアのほろ苦さを利かせた大人のマフィンです。

材料／直径7cmのマフィン型6個分
卵 … 1個
きび砂糖 … 50g
塩 … 少々
サラダ油 … 50g
プレーンヨーグルト … 50g
牛乳 … 30g

A
| 薄力粉 … 50g
| ココアパウダー … 20g
| アーモンドパウダー … 20g
| ベーキングパウダー … 小さじ1
| シナモンパウダー … 少々

チョコチップ … 30g
泣かない粉糖* … 適量

*水分や油分に強いため、ふりかけても溶けにくく
　スイーツなどの上掛けに適したきめ細かな粉糖のこと。
　製菓材料店やインターネットで入手できます。

下準備
・卵は室温にもどす。
・Aを合わせてふるう。
・型にマフィン用グラシン紙を敷く。
・オーブンを180℃に予熱する。

作り方

1　ステンレス製のボウルに卵ときび砂糖、塩を入れて泡立て器で混ぜ、ごく弱火にかける。卵液が人肌程度に温まるまで混ぜ、砂糖をしっかり溶かす。

2　火からおろし、サラダ油を数回に分けて加えながら、泡立て器でよく混ぜて乳化させる。ヨーグルトを加えてなめらかになるまで混ぜ、牛乳を加えてよく混ぜる。

3　Aを加え、泡立て器をまっすぐに立てて、混ぜる方向と反対にボウルを回しながら中心からぐるぐると混ぜる。泡立て器のワイヤーに粉がこもったら上に持ち上げ、ついた粉をふり落とす。

4　チョコチップを加え、ゴムベラに替えて、粉けがなくなるまでむらなく混ぜ、型に生地を流し入れる。

5　180℃のオーブンで約18分焼く。オーブンから出して、フォークなどを使って型からマフィンを取り出し、ケーキクーラーに移す。仕上げに泣かない粉糖をふるう。

Sweet Muffin :

Gingerbread Muffins
ジンジャーブレッドマフィン

ジンジャーやシナモンを利かせたマフィンに、
さわやかなレモンのアイシングを施しました。
しょうが風味を引き立てる黒蜜は、
生地にコクをプラスする役割も。

材料／直径7cmのマフィン型6個分
卵 … 1個
きび砂糖 … 40g
黒蜜 … 40g
サラダ油 … 50g
プレーンヨーグルト … 50g
牛乳 … 10g
しょうがの搾り汁 … 小さじ1
A
　薄力粉 … 80g
　ジンジャーパウダー … 小さじ1/2
　シナモンパウダー … 少々
　ベーキングパウダー … 小さじ2/3
レモンアイシング
　レモン果汁 … 小さじ1・1/2
　粉糖 … 50g

下準備
・卵は室温にもどす。
・Aを合わせてふるう。
・型にマフィン用グラシン紙を敷く。
・オーブンを180℃に予熱する。

作り方

1　ステンレス製のボウルに卵ときび砂糖、黒蜜を入れて泡立て器で混ぜ、ごく弱火にかける。卵液が人肌程度に温まるまで混ぜ、砂糖をしっかり溶かす。

2　火からおろし、サラダ油を数回に分けて加えながら、泡立て器でよく混ぜて乳化させる。ヨーグルトを加えてなめらかになるまで混ぜ、牛乳としょうがの搾り汁を加えてよく混ぜる。

3　Aを加え、泡立て器をまっすぐに立てて、混ぜる方向と反対にボウルを回しながら中心からぐるぐると混ぜる。泡立て器のワイヤーに粉がこもったら上に持ち上げ、ついた粉をふり落とす。

4　ゴムベラに替えて、粉けがなくなるまでむらなく混ぜ、型に生地を流し入れる。

5　180℃のオーブンで約18分焼く。オーブンから出して、フォークなどを使って型からマフィンを取り出し、ケーキクーラーに移して完全に冷ます。

6　レモンアイシングを作る。小さめのボウルにレモン汁と粉糖を混ぜ合わせ、固ければごく少量の水を加えて調節し、マフィンにフォークですくいかける（a）。

a

Sweet Muffin :

Pumpkin Muffins
パンプキンマフィン

かぼちゃペーストを練り込んだ
オレンジ色がかわいらしいマフィン。
重くなりがちなパンプキン生地も、
植物油を使うことで後味も軽やかです。

材料／直径7cmのマフィン型6個分

卵 … 1個
きび砂糖 … 90g
サラダ油 … 40g
かぼちゃペースト（下準備を参照）… 100g
牛乳 … 30g
A ┃ 薄力粉 … 80g
　┃ ベーキングパウダー … 小さじ1
　┃ シナモンパウダー … 少々
かぼちゃの種 … 適量

下準備
・卵は室温にもどす。
・かぼちゃペーストを作る(a)。
　かぼちゃ約200gは種とわたを除き、
　3〜4cm角に切る。耐熱皿にのせて
　ラップをかぶせ、電子レンジで約7分、
　やわらかくなるまで加熱する。
　皮を除いて、フードプロセッサーにかけるか、
　フォークの背でつぶしてなめらかにする
　（かぼちゃの個体差によってでき上がるペーストの量が
　異なるので、100gを計量して使う）。
・Aを合わせてふるう。
・型にマフィン用グラシン紙を敷く。
・オーブンを180℃に予熱する。

作り方

1　ステンレス製のボウルに卵ときび砂糖を入れて泡立て器で混ぜ、ごく弱火にかける。卵液が人肌程度に温まるまで混ぜ、砂糖をしっかり溶かす。

2　火からおろし、サラダ油を数回に分けて加えながら、泡立て器でよく混ぜて乳化させる。かぼちゃペーストを加えてなめらかになるまで混ぜ、牛乳を加えてよく混ぜる。

3　Aを加え、泡立て器をまっすぐに立てて、混ぜる方向と反対にボウルを回しながら中心からぐるぐると混ぜる。泡立て器のワイヤーに粉がこもったら上に持ち上げ、ついた粉をふり落とす。

4　ゴムベラに替えて、粉けがなくなるまでむらなく混ぜる。型に生地を流し入れ、かぼちゃの種を散らす。

5　180℃のオーブンで約18分焼く。オーブンから出して、フォークなどを使って型からマフィンを取り出し、ケーキクーラーに移す。

a

Sweet Muffin:

Peanut butter Muffins with Coffee Glaze
ピーナッツバター・コーヒーマフィン

ピーナッツらしさをしっかりと感じられるよう、
チャンクタイプのピーナッツバターを使ってみて。
コーヒーアイシングが味の引き締め役に。

材料／直径7cmのマフィン型6個分
卵 … 1個
きび砂糖 … 60g
サラダ油 … 20g
ピーナッツバター（チャンクタイプがおすすめ）
　… 70g
牛乳 … 90g
A ┃ 薄力粉 … 80g
　┃ ベーキングパウダー … 小さじ1
コーヒーアイシング
　牛乳 … 小さじ1
　インスタントコーヒー（粉末状）… 小さじ1/2
　粉糖 … 30g

下準備
・卵は室温にもどす。
・Aを合わせてふるう。
・型にマフィン用グラシン紙を敷く。
・オーブンを180℃に予熱する。

作り方

1　ステンレス製のボウルに卵ときび砂糖を入れて泡立て器で混ぜ、ごく弱火にかける。卵液が人肌程度に温まるまで混ぜ、砂糖をしっかり溶かす。

2　火からおろし、サラダ油を数回に分けて加えながら、泡立て器でよく混ぜて乳化させる。ピーナッツバターを加えてなめらかになるまで混ぜ、牛乳を加えてよく混ぜる。

3　Aを加え、泡立て器をまっすぐに立てて、混ぜる方向と反対にボウルを回しながら中心からぐるぐると混ぜる。泡立て器のワイヤーに粉がこもったら上に持ち上げ、ついた粉をふり落とす。水分が多くダマになりやすい生地なので、ダマがなくなるまでよく混ぜること。

4　ゴムベラに替えて、粉けがなくなるまでむらなく混ぜ、型に生地を流し入れる。

5　180℃のオーブンで約18分焼く。オーブンから出して、フォークなどを使って型からマフィンを取り出し、ケーキクーラーに移して完全に冷ます。

6　コーヒーアイシングを作る。耐熱容器に牛乳とインスタントコーヒーを入れて混ぜ、電子レンジで10秒加熱して溶かす。粉糖を混ぜ合わせ、固ければごく少量の水を加えて調節する。マフィンにスプーンですくいかけ、スプーンの背で表面全体に広げる。

Sweet Muffin:

Peach Cobbler Muffins
ピーチコブラーマフィン

ポピュラーなアメリカンスイーツとして
親しまれるピーチコブラーを、
酸味のバランスがいい黄桃で作りました。
冷やして食べても、また違ったおいしさです。

材料／直径7cmのマフィン型6個分

卵 … 1個
きび砂糖 … 70g
サラダ油 … 40g
プレーンヨーグルト … 50g
牛乳 … 10g
バニラオイル … 少々
A ｜ 薄力粉 … 80g
　 ｜ ベーキングパウダー … 小さじ2/3
黄桃（缶詰）… 半割2個

クランブル
B ｜ 薄力粉 … 40g
　 ｜ アーモンドパウダー … 20g
　 ｜ きび砂糖 … 20g
サラダ油 … 20g
バニラオイル … 少々

下準備
・卵は室温にもどす。
・黄桃1個は1cm角に切り、残りはトッピング用に縦6等分に切り、ペーパータオルで水けを拭く。
・AとBをそれぞれふるう。
・型にマフィン用グラシン紙を敷く。
・オーブンを180℃に予熱する。

作り方

1 クランブルを作る。ボウルにBを入れ、カードで外側に寄せて中心にくぼみを作り、そこにサラダ油とバニラオイルを流す。混ぜる方向と反対にボウルを回しながら周りの粉を油にかぶせるように混ぜる。カードで切るようにして混ぜ、もろもろとした状態にする(a)。

2 ステンレス製のボウルに卵ときび砂糖を入れて泡立て器で混ぜ、ごく弱火にかける。卵液が人肌程度に温まるまで混ぜ、砂糖をしっかり溶かす。

3 火からおろし、サラダ油を数回に分けて加えながら、泡立て器でよく混ぜて乳化させる。ヨーグルトを加えてなめらかになるまで混ぜ、牛乳とバニラオイルを加えてよく混ぜる。

4 **A**を加え、泡立て器をまっすぐに立てて、混ぜる方向と反対にボウルを回しながら中心からぐるぐると混ぜる。泡立て器のワイヤーに粉がこもったら上に持ち上げ、ついた粉をふり落とす。

5 1cm角に切った黄桃を加え、ゴムベラに替えて、粉けがなくなるまでむらなく混ぜる。型に生地を流し入れ、**1**を1/6ずつふり、トッピング用の黄桃を1きれずつのせる。

6 180℃のオーブンで約20分焼く。オーブンから出して、フォークなどを使って型からマフィンを取り出し、ケーキクーラーに移す。

a

Sweet Muffin:

Citrus Mango Muffins
マンゴーマフィン

マンゴーが主役のフルーティなマフィン。
生地とトッピングにたっぷりマンゴーを使い、
仕上げに散らしたライムの香りにうっとり。
味も見た目も夏らしく、さわやかな食後感です。

材料／直径7cmのマフィン型6個分
卵 … 1個
きび砂糖 … 70g
サラダ油 … 40g
プレーンヨーグルト … 20g
マンゴー（缶詰）… スライス2枚
オレンジジュース … 30g
A ｜ 薄力粉 … 90g
　 ｜ ベーキングパウダー … 小さじ1
ココナッツファイン … 10g
マンゴー（缶詰・トッピング用）… スライス6枚
ライムの皮 … 適量

下準備
・卵は室温にもどす。
・ボウルに生地のマンゴーとオレンジジュースを入れ、マンゴーをフォークの背で細かくつぶす(a)。
・マンゴー（トッピング用）は、斜めに細く切り込みを入れ(b)、ペーパータオルで水けを拭く。
・Aを合わせてふるう。
・型にマフィン用グラシン紙を敷く。
・オーブンを180℃に予熱する。

作り方
1. ステンレス製のボウルに卵ときび砂糖を入れて泡立て器で混ぜ、ごく弱火にかける。卵液が人肌程度に温まるまで混ぜ、砂糖をしっかり溶かす。

2. 火からおろし、サラダ油を数回に分けて加えながら、泡立て器でよく混ぜて乳化させる。ヨーグルトを加えてなめらかになるまで混ぜ、下準備したマンゴーとオレンジジュースを加えてよく混ぜる。

3. Aを加え、泡立て器をまっすぐに立てて、混ぜる方向と反対にボウルを回しながら中心からぐるぐると混ぜる。泡立て器のワイヤーに粉がこもったら上に持ち上げ、ついた粉をふり落とす。

4. ココナッツファインを加えて混ぜ、ゴムベラに替えて、粉けがなくなるまでむらなく混ぜる。型に生地を流し入れ、トッピング用のマンゴーを1/6ずつのせる。

5. 180℃のオーブンで約20分焼く。オーブンから出して、フォークなどを使って型からマフィンを取り出し、ケーキクーラーに移す。ピーラーで細く削ったライムの皮を散らす。

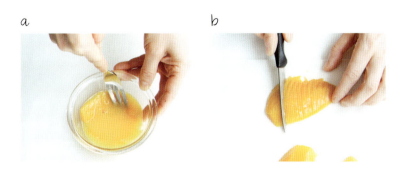

a　　　b

Sweet Muffin:

Green Tea & Chocolate Marble Muffins
抹茶とショコラのマーブルマフィン

ほろ苦いココアと抹茶の組み合わせは、
ビターテイストを好む、男性にもおすすめ。
ショコラのブラウンに抹茶のグリーンが映えます。

材料／直径7cmのマフィン型5個分
卵 … 1個
きび砂糖 … 80g
サラダ油 … 50g
プレーンヨーグルト … 50g
牛乳 … 20g
A ┃ 薄力粉 … 30g
　┃ ココアパウダー … 10g
　┃ ベーキングパウダー … 小さじ1/3
B ┃ 薄力粉 … 35g
　┃ 抹茶 … 5g
　┃ ベーキングパウダー … 小さじ1/3

下準備
・卵は室温にもどす。
・AとBをそれぞれふるう。
・型にマフィン用グラシン紙を敷く。
・オーブンを180℃に予熱する。

作り方

1　ステンレス製のボウルに卵ときび砂糖を入れて泡立て器で混ぜ、ごく弱火にかける。卵液が人肌程度に温まるまで混ぜ、砂糖をしっかり溶かす。

2　火からおろし、サラダ油を数回に分けて加えながら、泡立て器でよく混ぜて乳化させる。ヨーグルトを加えてなめらかになるまで混ぜ、牛乳を加えてよく混ぜる。

3　2の生地を120gずつに分ける。一方にAを加え、泡立て器をまっすぐに立てて、混ぜる方向と反対にボウルを回しながら中心からぐるぐると混ぜる。泡立て器のワイヤーに粉がこもったら上に持ち上げ、ついた粉をふり落とす。もう一方にBを加え、同様に混ぜる。

4　ゴムベラに替えて、それぞれ粉けがなくなるまでむらなく混ぜる。型に3のココア生地と抹茶生地が交互になるよう(a)、スプーンで大さじ1弱ずつ、数回に分けて流し入れる(b)。竹串で表面がマーブル模様になるよう、2回程度なぞるように軽く混ぜる(c)。

5　180℃のオーブンで約18分焼く。オーブンから出して、フォークなどを使って型からマフィンを取り出し、ケーキクーラーに移す。

| 塩味マフィン |

Savory Muffin:

Cornbread Muffins

コーンブレッドマフィン

生地に忍ばせたクリームコーンと粒コーンに、
コーングリッツのぷちぷちした食感が楽しめます。
ソーセージをトッピングすれば、軽食にぴったり。

材料／直径7cmのマフィン型6個分

卵 … 1個
塩 … 小さじ1/4
サラダ油 … 40g
クリームコーン … 50g
牛乳 … 50g
コーングリッツ … 20g
A │ 薄力粉 … 80g
  │ ベーキングパウダー … 小さじ1
粒コーン(缶詰または冷凍) … 50g
コーングリッツ(トッピング用) … 小さじ2
ソーセージ … 6本
パセリ(みじん切り) … 適量

下準備

・卵は室温にもどす。
・粒コーンは缶詰の場合、汁けをきる。
・ソーセージは2〜3等分に切る。
・Aを合わせてふるう。
・型にマフィン用グラシン紙を敷く。
・オーブンを180℃に予熱する。

作り方

1 ボウルに卵と塩を入れて泡立て器で混ぜる。サラダ油を数回に分けて加えながら、泡立て器でよく混ぜて乳化させる。クリームコーンと牛乳を加えてなめらかになるまでよく混ぜ、コーングリッツを加えて混ぜる。

2 Aを加え、泡立て器をまっすぐに立てて、混ぜる方向と反対にボウルを回しながら中心からぐるぐると混ぜる。泡立て器のワイヤーに粉がこもったら上に持ち上げ、ついた粉をふり落とす。

3 ゴムベラに替えて、粉けがなくなるまでむらなく混ぜ、粒コーンを加えて混ぜる。型に生地を流し入れ、トッピング用のコーングリッツを1/6ずつふる。下準備したソーセージをのせて軽く押し込む(a)。

4 180℃のオーブンで約18分焼く。オーブンから出して、フォークなどを使って型からマフィンを取り出し、ケーキクーラーに移してパセリを散らす。

a

Savory Muffin :

Onion Muffins

オニオンマフィン

玉ねぎペーストのほのかな甘さが広がる、
ふっくら軽やかな生地がおいしい。
材料も作り方もシンプルなので、
小腹が空いたときに焼き立てをどうぞ。

| 塩味マフィン

材料／直径7cmのマフィン型6個分

卵 … 1個
塩 … 小さじ1/4
サラダ油 … 50g
牛乳 … 30g

A │ 薄力粉 … 100g
　│ ベーキングパウダー … 小さじ1

玉ねぎペースト
　玉ねぎ … 大1個(250g)
　塩 … 小さじ1/2
　サラダ油 … 大さじ1
オートミール … 適量

下準備

・卵は室温にもどす。
・玉ねぎは薄切りにする。
・Aを合わせてふるう。
・型にマフィン用グラシン紙を敷く。
・オーブンを180℃に予熱する。

a

作り方

1 玉ねぎペースト(a)を作る。下準備した玉ねぎを耐熱容器に入れ、塩とサラダ油をふってラップをかぶせ、電子レンジで約8分加熱する。取り出してざっと混ぜ、ラップをはずして、さらに約4分加熱する。そのままおいて粗熱を取る。

2 ボウルに卵と塩を入れて泡立て器で混ぜる。サラダ油を数回に分けて加えながら、泡立て器でよく混ぜて乳化させる。1の70gを加えて混ぜ、牛乳を加えてよく混ぜる。

3 Aを加え、泡立て器をまっすぐに立てて、混ぜる方向と反対にボウルを回しながら中心からぐるぐると混ぜる。泡立て器のワイヤーに粉がこもったら上に持ち上げ、ついた粉をふり落とす。

4 残りの1を加え、ゴムベラに替えて、粉けがなくなるまでむらなく混ぜる。型に流し入れ、オートミールを散らす。

5 180℃のオーブンで約18分焼く。オーブンから出して、フォークなどを使って型からマフィンを取り出し、ケーキクーラーに移す。

Savory Muffin：

Ume & Salty Kombu Rice Powder Muffins

梅と塩昆布の米粉マフィン

まるでおにぎりのようなユニークな組み合わせ。
米粉、梅干し、塩昆布、削り節の絶妙な配合に
驚きつつも、ついつい食べ進んでしまうから不思議です。

材料／直径7cmのマフィン型6個分

卵 … 2個
サラダ油 … 70g
プレーンヨーグルト … 20g
牛乳 … 50g
梅干し … 2個(20g)
A | 米粉 … 120g
　 | ベーキングパウダー … 小さじ1
塩昆布 … 10g
いりごま(好みで白黒合わせて) … 大さじ3
削り節 … 1袋(2.5g)

下準備
・卵は室温にもどす。
・梅干しは種を除いて細かく刻む(a)。
・Aを合わせてふるう。
・型にマフィン用グラシン紙を敷く。
・オーブンを180℃に予熱する。

a

塩味マフィン

46

作り方

1. ボウルに卵を入れて泡立て器で混ぜる。サラダ油を数回に分けて加えながら、泡立て器でよく混ぜて乳化させる。ヨーグルトを加えてなめらかになるまで混ぜ、牛乳と下準備した梅干しを加えてよく混ぜる。

2. Aを加え、泡立て器をまっすぐに立てて、混ぜる方向と反対にボウルを回しながら中心からぐるぐると混ぜる。泡立て器のワイヤーに粉がこもったら上に持ち上げ、ついた粉をふり落とす。

3. 塩昆布とごまを加え、ゴムベラに替えて、粉けがなくなるまでむらなく混ぜる。型に生地を流し入れ、削り節をふる。

4. 180℃のオーブンで約18分焼く。オーブンから出して、フォークなどを使って型からマフィンを取り出し、ケーキクーラーに移す。

Savory Muffin:

Nozawana-Pickles Muffins with Shiokoji Malt
野沢菜と塩麹のマフィン

おやきをイメージした、和テイストのマフィン。
素朴でさっぱりとした野沢菜の塩けも絶妙です。
生地に塩麹を混ぜると、焼き上がりはふわふわ。

材料／直径7cmのマフィン型6個分

卵 … 2個
塩麹 … 小さじ2
しょうゆ … 小さじ1
サラダ油 … 60g
ごま油 … 10g
プレーンヨーグルト … 30g
牛乳 … 30g
A │ 薄力粉 … 120g
　│ ベーキングパウダー … 小さじ1・1/2
野沢菜漬け … 150g
白いりごま … 適量

下準備
・卵は室温にもどす。
・野沢菜漬けは汁けをきり、トッピング用に
　少量を取り分けて葉を広げ、残りは1cm幅に切る。
　それぞれペーパータオルで水けをしっかり絞る。
・Aを合わせてふるう。
・型にマフィン用グラシン紙を敷く。
・オーブンを180℃に予熱する。

塩味マフィン

a

作り方

1 ボウルに卵と塩麹、しょうゆを入れて泡立て器で混ぜる。サラダ油とごま油を数回に分けて加えながら、泡立て器でよく混ぜて乳化させる。ヨーグルトを加えてなめらかになるまで混ぜ、牛乳を加えてよく混ぜる。

2 **A**を加え、泡立て器をまっすぐに立てて、混ぜる方向と反対にボウルを回しながら中心からぐるぐると混ぜる。泡立て器のワイヤーに粉がこもったら上に持ち上げ、ついた粉をふり落とす。

3 1cm幅に切った野沢菜漬けを加え(a)、ゴムベラに替えて、粉けがなくなるまでむらなく混ぜる。型に生地を流し入れ、ごまをふって、トッピング用の野沢菜漬けの葉を1/6ずつのせる。

4 180℃のオーブンで約20分焼く。オーブンから出して、フォークなどを使って型からマフィンを取り出し、ケーキクーラーに移す。

Savory Muffin:

Pizza Muffins
ピッツァマフィン

トマトジュースとケチャップをダブル使いした生地に、
中からトロリととろけるモッツァレラチーズと、
生地にのせた厚切りトマトがおいしさの鍵。
焼き立てのピッツァにも劣らない味わいです。

材料／直径7cmのマフィン型6個分
卵 … 1個
塩 … 小さじ1/4
トマトケチャップ … 大さじ1/2
サラダ油 … 40g
プレーンヨーグルト … 40g
トマトジュース … 40g
A ｜ 薄力粉 … 100g
　 ｜ ベーキングパウダー … 小さじ1
ドライバジル … 小さじ1
黒こしょう … 少々
モッツァレラチーズ … 80g
トマト … 小1個(120g)
バジルの葉 … 6枚

下準備
・卵は室温にもどす。
・モッツァレラチーズは1.5cm角に切り、
　ペーパータオルで水けを拭く。
・トマトは6等分の輪切りにし、ペーパータオルで水けを拭く。
・Aを合わせてふるう。
・型にマフィン用グラシン紙を敷く。
・オーブンを180℃に予熱する。

塩味マフィン

a  b  c

作り方

1. ボウルに卵と塩、トマトケチャップを入れて泡立て器で混ぜる。サラダ油を数回に分けて加えながら、泡立て器でよく混ぜて乳化させる。ヨーグルトを加えてなめらかになるまで混ぜ、トマトジュースを加えてよく混ぜる。

2. Aを加え、泡立て器をまっすぐに立てて、混ぜる方向と反対にボウルを回しながら中心からぐるぐると混ぜる。泡立て器のワイヤーに粉がこもったら上に持ち上げ、ついた粉をふり落とす。

3. ドライバジルと黒こしょうを加え、ゴムベラに替えて、粉けがなくなるまでむらなく混ぜる。型に生地の半量を流し入れ、下準備したモッツァレラチーズの半量を1/6ずつのせる(a)。残りの生地を入れ、下準備したトマト、残りのチーズ(b)、バジルの葉の順にそれぞれのせる(c)。

4. 180℃のオーブンで約20分焼く。オーブンから出して、フォークなどを使って型からマフィンを取り出し、ケーキクーラーに移す。

しっとり&ふんわりパウンドケーキ

Pound Cake

chapter 2

全卵を砂糖とともにしっかり泡立てることで、
生地に空気を抱き込ませて軽やかに。
バターの代わりに植物油などのフレーバーオイルを使うことで、
素材の味が際立つ生地に仕上がります。
さわやかなフルーツをふんだんに使ったものや、
涼しげなカクテルをイメージした大人好みのパウンドケーキも。
手軽にできるのに華やかなデコレーションは、贈り物にも最適です。

| Sweet Muffins | Savory Muffins | **Pound Cakes** | Square Chiffon Cakes |

基本の
バニラパウンドケーキの
作り方

＊完成写真はp.53

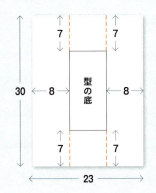

型に敷くオーブンシートのサイズ

点線部分に切りこみを入れる(単位=cm)。

材料

18×8.5×6cmのパウンド型1台分

卵 … 2個
きび砂糖 … 90g
はちみつ … 10g
フレーバーオイル
　プレーンヨーグルト … 10g
　牛乳 … 10g
　バニラオイル … 少々
サラダ油 … 50g
A ┃薄力粉 … 80g
　┃アーモンドパウダー … 10g

下準備

・卵は室温にもどす。
・Aを合わせてふるう。
・型に切りこみを入れたオーブンシート(右上図)を敷く。
・オーブンを180℃に予熱する。

作り方

1

フレーバーオイルを作る

小さめのボウルにヨーグルトを入れ、泡立て器でよく混ぜる。なめらかな状態になったら、牛乳とバニラオイルを加えて混ぜる。

2

サラダ油を加えて乳化させる

サラダ油を少しずつ加えながら、その都度、泡立て器でよく混ぜて乳化させる。水分と油分をしっかりつなぎ合わせることで、口溶けのいい生地に仕上がる。

How to make
Basic Vanilla Pound Cake

3

卵、砂糖、はちみつを混ぜる
別のボウルに卵、きび砂糖、はちみつを入れ、ハンドミキサーの低速で撹拌する。初めはボウルを少し傾けると泡立てやすい。全体がなじんだら、高速に切り替えて白っぽくクリーミーな状態になるまで撹拌する。すくい上げるとリボン状に重なるように落ち、その跡がすぐに消えていく状態が目安。

4

生地とフレーバーオイルを混ぜ合わせる
ハンドミキサーを低速に切り替えて、きめ細かくなるまでさらに撹拌する。2を加え、なじむまで撹拌する。2が分離していたら、加える前に泡立て器でよく混ぜ、再び乳化させてから加える。

5

粉を加える
4にAを3〜4回に分けて加え、その都度、ゴムベラで底からすくい返すようにして、粉けが完全になくなるまでよく混ぜる。粉を加えるごとに20回ほど混ぜるとよい。

6

焼く
型に5の生地を流し入れ、オーブンシートの四隅を広げて隅々まで行き渡らせる。低い位置から台の上に、型を数回落として中の空気を抜く。180℃のオーブンで約30分焼く。

7

ナイフで切れ目を入れる
焼き始めから8〜10分して生地の表面が乾いたら、オーブンからいったん取り出し、生地の中心にナイフで1本切れ目を入れてすぐに戻す。こうすることで、焼き上がったときに真ん中からきれいに割れる。

8
型から取り出す

しっとり　ふんわり

焼き上がったら、型ごと低い位置から台に落とし、焼き縮みを防ぐ。オーブンシートごと型から取り出し、ケーキクーラーに移す。

 Point
◎ フレーバーオイルは必ず乳化させた状態で生地に加えること。もし分離していたら、泡立て器で混ぜてから加えましょう。
◎ 粉もしっかり合わせ混ぜることがきめ細かな生地につながります。混ぜ方が足りないとパサつきの原因に。

Pound Cake :

Caramel Walnut Pound Cake
キャラメルナッツパウンドケーキ

グラニュー糖を焦がした、手作りの
キャラメルソースとくるみが味の決め手。
バターなしで作るから、ダイレクトに
キャラメルのおいしさが伝わります。

材料／18×8.5×6cmのパウンド型1台分
卵 … 2個
きび砂糖 … 60g
フレーバーオイル
　プレーンヨーグルト … 20g
　牛乳 … 20g
　キャラメルソース（*）… 60g
　サラダ油 … 50g
A
　薄力粉 … 90g
　アーモンドパウダー … 20g
　シナモンパウダー … 少々
キャラメルソース
　グラニュー糖 … 80g
　熱湯 … 40g
くるみ … 30g
泣かない粉糖 … 適量

下準備
・卵は室温にもどす。
・くるみは電子レンジで1分加熱して粗く刻む。
・Aを合わせてふるう。
・型に切りこみを入れたオーブンシート
　（p.54図参照）を敷く。
・オーブンを180℃に予熱する。

作り方

1　キャラメルソースを作る。鍋にグラニュー糖を入れて強めの中火にかけ、鍋を回してグラニュー糖を溶かしながら（溶けきらなければ弱火で完全に溶かす）濃い茶色になるまで焦がす(a)。細かい泡が大きくなったら火を止め、分量の熱湯を少しずつ加え(b)、鍋を揺すってなじませる。耐熱容器に移して粗熱を取り、フレーバーオイル用に60g取り分け、残りは下準備したくるみに絡める。

2　フレーバーオイルを作る。小さめのボウルにヨーグルトを入れ、泡立て器でよく混ぜる。なめらかな状態になったら牛乳と1のキャラメルソースを順に加えて、その都度混ぜる。サラダ油を少しずつ加えながら、その都度、泡立て器でよく混ぜて乳化させる。

3　別のボウルに卵、きび砂糖を入れ、ハンドミキサーの低速で攪拌する。全体がなじんだら、高速に切り替えて白っぽくクリーミーな状態になるまで攪拌する。ハンドミキサーを低速に切り替えて、きめ細かくなるまでさらに攪拌し、2を加え、なじむまで攪拌する。

4　3にAを3～4回に分けて加え、その都度、ゴムベラで底からすくい返すようにして、粉けが完全になくなるまでよく混ぜる。型に生地を流し入れ、オーブンシートの四隅を広げて隅々まで行き渡らせる。低い位置から台の上に、型を数回落として中の空気を抜く。

5　180℃のオーブンで約30分焼く。焼き始めから15分したらオーブンからいったん取り出して1のくるみを散らし、残りの時間を焼く。

6　焼き上がったら、型ごと低い位置から台に落とし、焼き縮みを防ぐ。オーブンシートごと型から取り出し、ケーキクーラーに移して、泣かない粉糖をふるう。

a

b

Pound Cake :

Fluffy Gâteau au chocolat

軽やかガトーショコラ

口の中で、すっと溶けるほど軽いガトーショコラ。
生地に入れる粉の配合を少なめにして、
暑い時期でも食べやすく仕上げました。
フレッシュベリーや柑橘などのフルーツを添えて。

材料／18×8.5×6cmのパウンド型1台分
卵 … 2個
きび砂糖 … 70g
フレーバーオイル
　スイートチョコレート（カカオ分55％）… 80g
　牛乳 … 20g
　サラダ油 … 40g
　プレーンヨーグルト … 20g
A
　薄力粉 … 30g
　ココアパウダー … 10g
　アーモンドパウダー … 10g
　ベーキングパウダー … 小さじ1/4
B
　生クリーム … 100g
　グラニュー糖 … 小さじ1
　キルシュ酒 … 小さじ1/2
ラズベリー … 適量
泣かない粉糖 … 適量

下準備
・卵を室温にもどす。
・チョコレートは細かく刻む。
・Aを合わせてふるう。
・型に切りこみを入れたオーブンシート
　（p.54図参照）を敷く。
・オーブンを170℃に予熱する。

作り方

1　フレーバーオイルを作る。耐熱容器に下準備したチョコレートを入れ、電子レンジで約1分加熱して完全に溶かす。牛乳を別の耐熱容器に入れ、電子レンジで約20秒加熱して沸騰させる。チョコレートに少しずつ加えながら、その都度、泡立て器でよく混ぜて乳化させる(a)。サラダ油を少しずつ加えながら、その都度、泡立て器でよく混ぜる(b)。ヨーグルトを加え、さらによく混ぜて乳化させる(c)。

2　ボウルに卵、きび砂糖を入れ、ハンドミキサーの低速で撹拌する。全体がなじんだら、高速に切り替えて白っぽくクリーミーな状態になるまで撹拌する。ハンドミキサーを低速に切り替えて、きめ細かくなるまでさらに撹拌し、1を加え、卵液が茶色になるまで撹拌する。

3　2にAを2回に分けて加え、その都度、ゴムベラで底からすくい返すようにして、粉けが完全になくなるまでよく混ぜる。型に生地を流し入れ、オーブンシートの四隅を広げて隅々まで行き渡らせる。低い位置から台の上に、型を数回落として中の空気を抜く。

4　170℃のオーブンで約35分焼く。焼き始めから10分して生地の表面が乾いたら、オーブンからいったん取り出し、生地の中心にナイフで1本切れ目を入れてすぐに戻す。

5　ボウルにBを入れ、ボウルの底を氷水に当てながら、ハンドミキサー（または泡立て器）で八分立てにする。4が焼き上がったら、型ごと低い位置から台に落とし、焼き縮みを防ぐ。オーブンシートごと型から取り出し、ケーキクーラーに移す。仕上げにラズベリーをのせ、泣かない粉糖をふるう。切り分けて八分立てにしたクリームを添える。

a　b　c

Pound Cake:

Orange Cake
オレンジケーキ

トッピングや生地に幾重にもオレンジを使い、ジューシーな果汁をたっぷり染みこませました。フレッシュオレンジをかじっているかのような、香りの鮮烈さと後味の余韻に驚かされます。

材料／18×8.5×6cmのパウンド型1台分

- 卵 … 2個
- きび砂糖 … 80g
- フレーバーオイル
  - プレーンヨーグルト … 10g
  - オレンジマーマレード … 60g
  - オレンジの皮のすりおろし … 1/2個分
  - サラダ油 … 50g
- A
  - 薄力粉 … 80g
  - アーモンドパウダー … 10g
- オレンジスライス
  - オレンジ … 1/2個
  - グラニュー糖 … 30g
  - 水 … 20g
  - グランマニエ … 小さじ1/2
- オレンジシロップ
  - オレンジマーマレード … 20g
  - オレンジ果汁 … 20g
  - グランマニエ … 小さじ1/2

下準備
- 卵は室温にもどす。
- オレンジは両端を切り落とし10等分の半月切りにする。
- Aを合わせてふるう。
- 型に切りこみを入れたオーブンシート（p.54図参照）を敷く。
- オーブンを180℃に予熱する。

作り方

1. オレンジスライスを作る。耐熱容器に分量の水とグラニュー糖を入れ、電子レンジで1分加熱して砂糖を溶かす。下準備したオレンジを入れて落としラップをし、さらに4分加熱する。ラップをはずしてグランマニエをふりかけ、そのままおいて粗熱が取れたらペーパータオルで水けを拭く。

2. フレーバーオイルを作る。小さめのボウルにヨーグルトを入れ、泡立て器でよく混ぜる。なめらかな状態になったら、オレンジマーマレードとオレンジの皮のすりおろしを加えて泡立て器でよく混ぜる。サラダ油を少しずつ加えながら、その都度、泡立て器でよく混ぜて乳化させる。

3. 別のボウルに卵、きび砂糖を入れ、ハンドミキサーの低速で攪拌する。全体がなじんだら、高速に切り替えて白っぽくクリーミーな状態になるまで攪拌する。ハンドミキサーを低速に切り替えて、きめ細かくなるまでさらに攪拌し、2を加え、なじむまで攪拌する。

4. 3にAを3～4回に分けて加え、その都度、ゴムベラで底からすくい返すようにして、粉けが完全になくなるまでよく混ぜる。型に生地を流し入れ、オーブンシートの四隅を広げて隅々まで行き渡らせる。低い位置から台の上に、型を数回落として中の空気を抜く。

a

5. 180℃のオーブンで約30分焼く。焼き始めから10分して生地の表面が乾いたら、オーブンからいったん取り出し、1を少しずつ重ねながらのせて(a)すぐに戻す。

6. オレンジシロップを作る。耐熱容器にオレンジマーマレードとオレンジ果汁を入れ、電子レンジで1分加熱して裏漉しする。グランマニエを加えて混ぜる。

7. 5が焼き上がったら、型ごと低い位置から台に落とし、焼き縮みを防ぐ。オーブンシートごと型から取り出し、オーブンシートをはずして表面に刷毛で6をぬり、ケーキクーラーに移す。

クランベリーとレモンのケーキ

トロピカルケーキ

Pound Cake:

Glazed Cranberry Lemon Cake
クランベリーとレモンのケーキ

クランベリーとレモンの心地よい酸味が魅力。
見た目にも華やかなレモンのアイシングと
真っ赤なクランベリーの愛らしいデコレーションは、
ホームパーティーのおもたせにもおすすめ。

材料／18×8.5×6cmのパウンド型1台分
- 卵 … 2個
- グラニュー糖 … 80g
- はちみつ … 10g
- フレーバーオイル
  - プレーンヨーグルト … 20g
  - 牛乳 … 20g
  - サラダ油 … 50g
  - レモンの皮のすりおろし … 1/2個分
  - ドライクランベリー … 40g
- **A** 薄力粉 … 80g
  - アーモンドパウダー … 10g
- レモンアイシング
  - レモン果汁 … 小さじ1
  - 粉糖 … 30g
- ドライクランベリー（トッピング用） … 適量
- レモンの皮 … 適量

下準備
- 卵は室温にもどす。
- フレーバーオイル用のドライクランベリーは耐熱容器に入れ、かぶるくらいの水を注いで電子レンジで40秒加熱し、ペーパータオルで水けを拭いて細かく刻む。
- トッピング用のドライクランベリーは細かく刻む。
- **A**を合わせてふるう。
- 型に切りこみを入れたオーブンシート（p.54図参照）を敷く。
- オーブンを180℃に予熱する。

作り方

1 フレーバーオイルを作る。小さめのボウルにヨーグルトを入れ、泡立て器でよく混ぜる。なめらかな状態になったら、牛乳を加えて混ぜる。サラダ油を少しずつ加えながら、その都度、泡立て器でよく混ぜて乳化させる。レモンの皮のすりおろし、下準備したドライクランベリーの順に加えて、その都度よく混ぜる。

2 別のボウルに卵、グラニュー糖、はちみつを入れ、ハンドミキサーの低速で攪拌する。全体がなじんだら、高速に切り替えて白っぽくクリーミーな状態になるまで攪拌する。ハンドミキサーを低速に切り替えて、きめ細かくなるまでさらに攪拌し、**1**を加え、なじむまで攪拌する。

3 **2**に**A**を3〜4回に分けて加え、その都度、ゴムベラで底からすくい返すようにして、粉けが完全になくなるまでよく混ぜる。型に生地を流し入れ、オーブンシートの四隅を広げて隅々まで行き渡らせる。低い位置から台の上に、型を数回落として中の空気を抜く。

4 180℃のオーブンで約30分焼く。焼き始めから10分して生地の表面が乾いたら、オーブンからいったん取り出し、生地の中心にナイフで1本切れ目を入れてすぐに戻す。焼き上がったら、型ごと低い位置から台に落とし、焼き縮みを防ぐ。オーブンシートごと型から取り出し、ケーキクーラーに移す。

5 レモンアイシングを作る。小さめのボウルにレモン果汁を入れて粉糖を混ぜ合わせ、固ければごく少量の水を加えて調節し、ケーキにスプーンですくいかける(p.31写真a参照)。乾かないうちにトッピング用のドライクランベリーと、ピーラーで細く削ったレモンの皮を散らす。

Pound Cake:

Tropical Cake トロピカルケーキ

**マンゴーとココナッツの風味が豊かなケーキ。
強力粉を加えた生地はしっかりとしていて、
ちりばめられた具材が沈まずに行き渡るから、
カットした断面がきれいに焼き上がります。**

材料／18×8.5×6cmのパウンド型1台分
卵 … 2個
グラニュー糖 … 80g
フレーバーオイル
　プレーンヨーグルト … 40g
　牛乳 … 20g
　サラダ油 … 50g
　ドライマンゴー … 50g
A ｜ 薄力粉 … 50g
　 ｜ 強力粉 … 20g
ラズベリー(冷凍) … 30g
ココナッツファイン … 30g
ココナッツロング … 10g

下準備
・卵は室温にもどす。
・ドライマンゴーはフードプロセッサーで
　細かく刻むか、キッチンばさみで約5mm角に切る。
・Aを合わせてふるう。
・型に切りこみを入れたオーブンシート
　(p.54図参照)を敷く。
・オーブンを170℃に予熱する。

作り方

1　フレーバーオイルを作る。小さめのボウルにヨーグルトを入れ、泡立て器でよく混ぜる。なめらかな状態になったら、牛乳を加えて混ぜる。サラダ油を少しずつ加えながら、その都度、泡立て器でよく混ぜて乳化させる。下準備したドライマンゴーを加えて10分ほど漬ける。

2　別のボウルに卵、グラニュー糖を入れ、ハンドミキサーの低速で攪拌する。全体がなじんだら、高速に切り替えて白っぽくクリーミーな状態になるまで攪拌する。ハンドミキサーを低速に切り替えて、きめ細かくなるまでさらに攪拌し、1を加え、なじむまで攪拌する。

3　2にAを3回に分けて加え、その都度、ゴムベラで底からすくい返すようにして、粉けが完全になくなるまでよく混ぜる。ラズベリーを手で細かくちぎりながら加え、ココナッツファインも加えて混ぜる。型に生地を流し入れ、オーブンシートの四隅を広げて隅々まで行き渡らせる。低い位置から台の上に、型を数回落として中の空気を抜く。

4　3にココナッツロングを散らし、170℃のオーブンで約40分焼く。焼き上がったら、型ごと低い位置から台に落とし、焼き縮みを防ぐ。オーブンシートごと型から取り出し、ケーキクーラーに移す。

Pound Cake:

Café au Lait Cake
カフェオレケーキ

大粒のピーカンナッツの表情が愛嬌たっぷり。
カフェオレのミルキーなおいしさを表現する
ホワイトチョコレートとメープルシロップが、
味に立体感をもたらします。

材料／18×8.5×6cmのパウンド型1台分
卵 … 2個
きび砂糖 … 60g
メープルシロップ … 30g
フレーバーオイル
　プレーンヨーグルト … 30g
　牛乳 … 10g
　インスタントコーヒー(粉末状) … 大さじ1
　サラダ油 … 50g
A｜薄力粉 … 70g
　｜アーモンドパウダー … 20g
ホワイトチョコレート … 20g
ピーカンナッツ … 20g

下準備
・卵は室温にもどす。
・ホワイトチョコレートは細かく刻む(a)。
・Aを合わせてふるう。
・型に切りこみを入れたオーブンシート
　(p.54図参照)を敷く。
・オーブンを180℃に予熱する。

作り方

1　フレーバーオイルを作る。小さめのボウルにヨーグルトを入れ、泡立て器でよく混ぜる。なめらかな状態になったら、牛乳とインスタントコーヒーを加えて混ぜる。サラダ油を少しずつ加えながら、その都度、泡立て器でよく混ぜて乳化させる。

2　別のボウルに卵、きび砂糖、メープルシロップを入れ、ハンドミキサーの低速で攪拌する。全体がなじんだら、高速に切り替えて白っぽくクリーミーな状態になるまで攪拌する。ハンドミキサーを低速に切り替えて、きめ細かくなるまでさらに攪拌し、**1**を加え、なじむまで攪拌する。

3　**2**にAを3〜4回に分けて加え、その都度、ゴムベラで底からすくい返すようにして、粉けが完全になくなるまでよく混ぜる。下準備したホワイトチョコレートを加えて混ぜ、型に生地を流し入れ、オーブンシートの四隅を広げて隅々まで行き渡らせる。低い位置から台の上に、型を数回落として中の空気を抜く。

4　**3**にピーカンナッツを散らし、180℃のオーブンで約30分焼く。焼き上がったら、型ごと低い位置から台に落とし、焼き縮みを防ぐ。オーブンシートごと型から取り出し、ケーキクーラーに移す。

a

Pound Cake :

Caramel Milk Tea Cake
キャラメルミルクティーケーキ

紅茶の茶葉と粒キャラメルを使った生地は、
アールグレイの香りが際立ち、ふわふわの食感。
ティーバッグと市販の粒キャラメルは、
お菓子作りに重宝するアイテムです。

材料／18×8.5×6cmのパウンド型1台分

卵 … 2個
きび砂糖 … 90g
フレーバーオイル
 プレーンヨーグルト … 10g
 サラダ油 … 50g
 A ｜ 牛乳 … 30g
  ｜ アールグレイ茶葉(ティーバッグ) … 1袋
  ｜ 粒キャラメル … 20g
B ｜ 薄力粉 … 80g
 ｜ アールグレイ茶葉(ティーバッグ) … 1袋
粒キャラメル(トッピング用) … 20g

下準備
・卵は室温にもどす。
・A、Bのアールグレイ茶葉は
　それぞれ袋から出しておく。
・Bの薄力粉をふるい、
　アールグレイ茶葉1袋分を混ぜ合わせる。
・Aとトッピング用の粒キャラメルは
　キッチンばさみで8等分に切る。
・型に切りこみを入れたオーブンシート
　(p.54図参照)を敷く。
・オーブンを180℃に予熱する。

作り方

1　フレーバーオイルを作る。ボウルにヨーグルトを入れ、泡立て器でなめらかな状態になるまでよく混ぜる。耐熱容器に**A**を入れて電子レンジで約40秒加熱し、よく混ぜてキャラメルを溶かす。ヨーグルトに茶葉ごと少しずつ加えて、その都度混ぜる(a)。サラダ油を少しずつ加えながら、その都度、泡立て器でよく混ぜて乳化させる。

2　別のボウルに卵、きび砂糖を入れ、ハンドミキサーの低速で攪拌する。全体がなじんだら、高速に切り替えて白っぽくクリーミーな状態になるまで攪拌する。ハンドミキサーを低速に切り替えて、きめ細かくなるまでさらに攪拌し、**1**を加え、なじむまで攪拌する。

3　**2**に下準備した**B**を3〜4回に分けて加え、その都度、ゴムベラで底からすくい返すようにして、粉が完全になくなるまでよく混ぜる。型に生地を流し入れ、オーブンシートの四隅を広げて隅々まで行き渡らせる。低い位置から台の上に、型を数回落として中の空気を抜く。

4　**3**にトッピング用の粒キャラメルを散らし、180℃のオーブンで約35分焼く。焼き上がったら、型ごと低い位置から台に落とし、焼き縮みを防ぐ。オーブンシートごと型から取り出し、ケーキクーラーに移す。

a

Pound Cake:

Sangria Cake

サングリアケーキ

**赤ワインとフルーツをふんだんに使った、
大人好みの美しいケーキに仕立てました。
ワインの味はほんのりだから、
お酒が苦手な人でも大丈夫。**

材料／18×8.5×6cmのパウンド型1台分

卵 … 2個
きび砂糖 … 80g
はちみつ … 10g
フレーバーオイル
　プレーンヨーグルト … 10g
　サラダ油 … 50g
　赤ワイン … 50g
　オレンジの皮のすりおろし … 1/4個分
　ドライいちじく … 大2個
A
　薄力粉 … 70g
　強力粉 … 10g
　アーモンドパウダー … 10g
　シナモンパウダー … 少々
シロップ
　ブルーベリージャム … 30g
　赤ワイン … 10g
ドライいちじく（トッピング用）… 2個
オレンジの皮 … 約25cm

下準備
・卵は室温にもどす。
・フレーバーオイルの赤ワインは耐熱容器に入れて
　電子レンジで約3分加熱し、30gになるまで煮詰める。
　ドライいちじく2個は8mm角に切る。
・トッピング用のドライいちじくは縦3等分に切る。
・オレンジの皮は専用のオレンジピーラー
　（なければペティナイフ）で約25cm長さにむき（a）、
　箸に巻きつけてカールさせる（b）。
・Aを合わせてふるう。
・型に切りこみを入れたオーブンシート
　（p.54図参照）を敷く。
・オーブンを180℃に予熱する。

作り方

1. フレーバーオイルを作る。小さめのボウルにヨーグルトを入れ、泡立て器でよく混ぜる。なめらかな状態になったら、サラダ油を少しずつ加えながら、その都度泡立て器でよく混ぜる。下準備した赤ワインを数回に分けて加えながらよく混ぜ、乳化させる。オレンジの皮のすりおろしと下準備したドライいちじくを加えて混ぜる。

2. 別のボウルに卵、きび砂糖、はちみつを入れ、ハンドミキサーの低速で撹拌する。全体がなじんだら、高速に切り替えて白っぽくクリーミーな状態になるまで撹拌する。ハンドミキサーを低速に切り替えて、きめ細かくなるまでさらに撹拌し、**1**を加え、なじむまで撹拌する。

3. **2**に**A**を3～4回に分けて加え、その都度、ゴムベラで底からすくい返すようにして、粉が完全になくなるまでよく混ぜる。型に生地を流し入れ、オーブンシートの四隅を広げて隅々まで行き渡らせる。低い位置から台の上に、型を数回落として中の空気を抜く。

4. 180℃のオーブンで約35分焼く。焼き始めから10分して生地の表面が乾いたら、オーブンからいったん取り出し、生地の中心にナイフで1本切れ目を入れてすぐに戻す。

5. 焼き上がったら、型ごと低い位置から台に落とし、焼き縮みを防ぐ。オーブンシートごと型から取り出し、ケーキクーラーに移して粗熱を取る。

6. シロップを作る。耐熱容器にブルーベリージャムと赤ワインを入れて電子レンジで1分加熱し、**5**の表面に刷毛で塗る。トッピング用のドライいちじくとオレンジの皮を飾る。

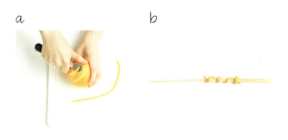

a　b

Pound Cake：

Mojito Cake
モヒートケーキ

たっぷりのミントと味を引き締めるライム、
ラム酒を風味付けに組み合わせて、
さわやかな香りを楽しむお菓子に。
おしゃれなドライライムは手軽にできるから、
デコレーションに重宝します。

材料／18×8.5×6cmのパウンド型1台分
卵 … 2個
きび砂糖 … 90g
はちみつ … 10g
フレーバーオイル
　ミントティー茶葉(ティーバッグ) … 1袋
　牛乳 … 30g
　プレーンヨーグルト … 10g
　ライムの皮のすりおろし … 1/4個分
　サラダ油 … 50g
薄力粉 … 90g
ミントの葉 … 約20枚
ラム酒 … 大さじ1
ライム … 1/2個

下準備
・卵は室温にもどす。
・ミントティー茶葉は袋から出しておく。
・薄力粉をふるう。
・型に切りこみを入れたオーブンシート
　(p.54図参照)を敷く。
・オーブンを180℃に予熱する。

作り方

1　フレーバーオイルを作る。耐熱容器にミントティー茶葉と牛乳を入れ、電子レンジで40秒加熱して粗熱を取る。小さめのボウルにヨーグルトを入れ、泡立て器でよく混ぜる。なめらかな状態になったら、牛乳を茶葉ごと少しずつ加えて混ぜ、ライムの皮も加えて混ぜる。サラダ油を少しずつ加えながら、その都度、泡立て器でよく混ぜて乳化させる。

2　別のボウルに卵、きび砂糖、はちみつを入れ、ハンドミキサーの低速で撹拌する。全体がなじんだら、高速に切り替えて白っぽくクリーミーな状態になるまで撹拌する。ハンドミキサーを低速に切り替えて、きめ細かくなるまでさらに撹拌し、**1**を加え、なじむまで撹拌する。

3　**2**に薄力粉を3～4回に分けて加え、その都度、ゴムベラで底からすくい返すようにして、粉が完全になくなるまでよく混ぜる。型に生地を流し入れ、オーブンシートの四隅を広げて隅々まで行き渡らせる。低い位置から台の上に、型を数回落として中の空気を抜く。

4　**3**にミントの葉を散らし、180℃のオーブンで約35分焼く。焼き上がったら、型ごと低い位置から台に落とし、焼き縮みを防ぐ。オーブンシートごと型から取り出し、ケーキクーラーに移す。表面に刷毛でラム酒を塗って冷ます。

5　ライムを5mm厚さに切ってペーパータオルで水けを拭く。耐熱皿に並べ、電子レンジで3分加熱してペーパータオルで水けを拭く。オーブンシートを敷いた天板に並べて110℃のオーブンで約25分焼き、**4**に飾る。

バットで作るスクエアシフォンケーキ

Square Chiffon Cake

chapter 3

シフォン型の代わりに家庭にあるバットを使用。
卵黄生地もメレンゲも、それぞれ
一度に材料を入れて混ぜるだけの手軽さが嬉しい。
程よいボリューム感と、しっとりふかふかの食感で、
いくらでもお腹に入ります。
バナナ、りんご、柚子茶やしょうがなど、
親しみやすい材料で作れるレシピばかりです。

| Sweet Muffins | Savory Muffins | Pound Cakes | **Square Chiffon Cakes** |

基本の
バニラスクエアシフォンの
作り方

＊完成写真は p.75

型に敷くオーブンシートのサイズ

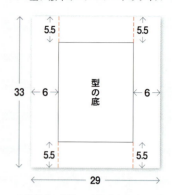

点線部分に切りこみを入れる（単位=cm）。

材料

26×20×4cmのステンレス製バット1台分

A
- 卵黄 … 4個分
- バニラオイル … 少々
- きび砂糖 … 100g
- サラダ油 … 50g
- 水 … 50g

メレンゲ
- 卵白 … 4個分（140g）
 ＊ケーキの膨らみと食感を左右する卵白の分量は、誤差がでないよう140gに計量することが大切。
- グラニュー糖 … 40g

B
- 薄力粉 … 140g
- ベーキングパウダー … 小さじ1

下準備

・卵白は冷蔵庫でよく冷やしておく。
　使うボウルごと冷やしておくとなおよい。
・Bを合わせてふるう。
・バットに切りこみを入れたオーブンシート（右上図）を敷く。
・オーブンを170℃に予熱する。

作り方

1

卵黄生地を作る

ボウルにAを入れ、すぐに泡立て器でよくすり混ぜて乳化させる。

2

メレンゲを作る

別のボウルに冷やした卵白を入れてグラニュー糖を一度に加え、ハンドミキサーの高速で角がピンと立つまで撹拌する。ボウルを傾けたとき、側面からずるずる落ちないくらいが目安。

How to make
Basic Vanilla Square Chiffon Cake

3

卵黄生地に粉を加える
1にBの半量を加え、泡立て器をまっすぐに立てて、混ぜる方向と反対にボウルを回しながら手早く混ぜる。

4

メレンゲを加える
2を半量加え、泡立て器で底からすくい返すように、メレンゲが完全に混ざりきらない程度に混ぜる。

5

粉けがなくなるまで混ぜる
4に残りのBを加え、ゴムベラに替えて、粉けがなくなるまで混ぜ、残りの2を加えて底からすくい返すようにむらなく混ぜる。

6

「バットで作る」
焼く
バットに5の生地を流し入れ、ゴムベラで生地の表面をならす。この時、対角線状に筋を入れると、火の入り具合と膨らみ方が均等になる。低い位置から台の上に、バットを3〜4回落として中の空気を抜き、170℃のオーブンで約25分焼く。

7

バットから取り出す
焼き上がったら、バットごと低い位置から台に落とし、焼き縮みを防ぐ。オーブンシートごとバットから取り出し、ケーキクーラーに移す。

Point

◎ 焼成後に生地の表面が沈むのを防ぐため、メレンゲは角がピンと立つまでしっかりと立てるのがコツ。

◎ 従来のシフォン生地より粉の量が多いため、粉とメレンゲを2回に分けて加えます。メレンゲをつぶさないよう、ボウルの底からすくい返すようにむらなく混ぜると、ふんわり感を保ち、つぶれにくい生地に。

Square Chiffon Cake:

Banana Walnut Chiffon Cake

バナナとくるみのシフォン

バナナを3本も使っているから、
腹持ちがよくて、朝食にもぴったり。
ミルクと合わせて子どものおやつにも。
たっぷり散らしたくるみが食感のアクセントに。

材料／26×20×4cmのステンレス製バット1台分

A
| 卵黄 … 4個分
| きび砂糖 … 120g
| サラダ油 … 50g

バナナ … 3本(正味300g)
メレンゲ
　卵白 … 4個分(140g)
　グラニュー糖 … 40g

B
| 薄力粉 … 150g
| ベーキングパウダー … 小さじ1・1/4

くるみ … 30g

下準備
・卵白は冷蔵庫でよく冷やしておく。
　使うボウルごと冷やしておくとなおよい。
・Bを合わせてふるう。
・バットに切りこみを入れたオーブンシート
　(p.76図参照)を敷く。
・オーブンを170℃に予熱する。

作り方

1　ボウルにバナナ2本を入れてフォークでつぶし、Aを加えてすぐに泡立て器でよくすり混ぜて乳化させる。

2　メレンゲを作る。別のボウルに冷やした卵白を入れてグラニュー糖を一度に加え、ハンドミキサーの高速で角がピンと立つまで攪拌する。

3　1にBの半量を加え、泡立て器をまっすぐに立てて、混ぜる方向と反対にボウルを回しながら手早く混ぜる。2を半量加え、泡立て器で底からすくい返すようにして、メレンゲが完全に混ざりきらない程度に混ぜる。

4　3に残りのBを加え、ゴムベラに替えて、粉けがなくなるまで混ぜ、残りの2を加えて底からすくい返すようにむらなく混ぜる。

5　バットに4の生地を流し入れ、ゴムベラで生地の表面をならす。低い位置から台の上にバットを数回落として中の空気を抜く。残りのバナナを手でちぎってのせ、粗く砕いたくるみを散らす。

6　170℃のオーブンで約35分焼く。焼き上がったら、バットごと低い位置から台に落とし、焼き縮みを防ぐ。オーブンシートごとバットから取り出し、ケーキクーラーに移す。

サマープディングシフォン

りんごのシフォン タルトタタン風

Square Chiffon Cake:

サマープディング
シフォン

Summer Pudding Chiffon Cake

イギリスの伝統的な夏のお菓子をイメージして、
たっぷりのベリーをシフォンに閉じ込めました。
ジャムの甘さとフレッシュベリーの酸味が絶妙です。

材料／26×20×4cmのステンレス製バット1台分

- A
  - 卵黄 … 3個分
  - グラニュー糖 … 40g
  - サラダ油 … 30g
  - 好みのベリージャム
    （いちご、ブルーベリー、ラズベリーなど
    2種類以上混ぜるのがおすすめ）… 合わせて120g
  - オレンジジュース … 30g
  - レモンの皮のすりおろし … 1/2個分

- メレンゲ
  - 卵白 … 3個分 (110g)
  - グラニュー糖 … 30g

- B
  - 薄力粉 … 100g
  - ベーキングパウダー … 小さじ1
  - シナモンパウダー … 少々

- ラズベリー、ブルーベリー（ともに冷凍でも可）
  … 合わせて100g
  ＊冷凍の場合は凍ったまま、塊があればほぐして使う。

- クランブル
- C
  - 薄力粉 … 40g
  - アーモンドパウダー … 20g
  - きび砂糖 … 20g
- サラダ油 … 20g
- バニラオイル … 少々

下準備

- 卵白は冷蔵庫でよく冷やしておく。
  使うボウルごと冷やしておくとなおよい。
- BとCをそれぞれ合わせてふるう。
- バットに切りこみを入れたオーブンシート
  (p.76図参照) を敷く。
- オーブンを180℃に予熱する。

作り方

1. クランブルを作る。ボウルにCを入れ、カードで外側に寄せて中心にくぼみを作り、そこにサラダ油とバニラオイルを流す。混ぜる方向と反対にボウルを回しながら、周りの粉を油にかぶせるように混ぜる。カードで切るようにして混ぜ、もろもろとした状態にする(p.37写真a参照)。

2. 別のボウルにAを入れ、すぐに泡立て器でよくすり混ぜて乳化させる。

3. メレンゲを作る。別のボウルに冷やした卵白を入れてグラニュー糖を一度に加え、ハンドミキサーの高速で角がピンと立つまで攪拌する。

4. 2にBの半量を加え、泡立て器をまっすぐに立てて、混ぜる方向と反対にボウルを回しながら手早く混ぜる。3を半量加え、泡立て器で底からすくい返すようにして、メレンゲが完全に混ざりきらない程度に混ぜる。

5. 4に残りのBを加え、ゴムベラに替えて、粉けがなくなるまで混ぜ、残りの3を加えて底からすくい返すようにむらなく混ぜる。

6. バットに5の生地を流し入れ、ゴムベラで生地の表面をならす。低い位置から台の上に、バットを数回落として中の空気を抜く。

7. 180℃のオーブンで約35分焼く。焼き始めから5分したら、オーブンからいったん取り出し、1とラズベリー、ブルーベリーを散らして(a)すぐに戻す。焼き上がったら、バットごと低い位置から台に落とし、焼き縮みを防ぐ。オーブンシートごとバットから取り出し、ケーキクーラーに移す。

a

Square Chiffon Cake:

Apple Chiffon Cake Tarte Tatin Style
りんごのシフォン タルトタタン風

キャラメルをまとったりんごのふくよかな甘さと、シフォン生地との一体感は、まさに黄金バランス。頬張るたびに、笑みがこぼれるおいしさです。

材料／26×20×4cmのステンレス製バット1台分

A
- 卵黄 … 3個分
- バニラオイル … 少々
- きび砂糖 … 70g
- サラダ油 … 40g
- 水 … 40g

メレンゲ
- 卵白 … 3個分（110g）
- グラニュー糖 … 30g

B
- 薄力粉 … 110g
- ベーキングパウダー … 小さじ1
- シナモンパウダー … 小さじ1/4

りんごのキャラメルソース
- りんご … 2個（正味500g）
- グラニュー糖 … 115g
- 水 … 25g
- サラダ油 … 大さじ1

下準備
- 卵白は冷蔵庫でよく冷やしておく。使うボウルごと冷やしておくとなおよい。
- りんごは皮をむいて縦半分に切って芯を取り、5mm厚さに切る。
- Bを合わせてふるう。
- オーブンを180℃に予熱する。

作り方

1. りんごのキャラメルソースを作る。フライパンにグラニュー糖100gと分量の水を入れて強めの中火にかけ、フライパンを回してグラニュー糖を溶かしながら、うすく煙が立ち、茶色になるまで焦がす(a)。すぐにバットに流し入れ、バットを回してキャラメルを底全体に広げて固める(b)。

2. 1の上にりんごを少しずつ重ねながら並べる。中心の列から3列になるように並べ(c)、すべてのりんごを隙間なくのせる。残りのグラニュー糖を全体にふり、サラダ油を回しかける。180℃のオーブンで約30分焼き、オーブンから取り出して粗熱を取る。

3. ボウルにAを入れ、すぐに泡立て器でよくすり混ぜて乳化させる。

4. メレンゲを作る。別のボウルに冷やした卵白を入れてグラニュー糖を一度に加え、ハンドミキサーの高速で角がピンと立つまで撹拌する。

5. 3にBの半量を加え、泡立て器をまっすぐに立てて、混ぜる方向と反対にボウルを回しながら手早く混ぜる。4を半量加え、泡立て器で底からすくい返すようにして、メレンゲが完全に混ざりきらない程度に混ぜる。

6. 5に残りのBを加え、ゴムベラに替えて、粉けがなくなるまで混ぜ、残りの4を加えて底からすくい返すようにむらなく混ぜる。

7. 2のバットの内側にサラダ油（分量外）を薄く塗り、6の生地を流し入れ、ゴムベラで生地の表面をならす。低い位置から台の上に、バットを数回落として中の空気を抜く。

8. 180℃のオーブンで約30分焼く。焼き上がったら、バットごと低い位置から台に落とし、焼き縮みを防ぐ。バットごとケーキクーラーに移して粗熱を取る。ケーキの縁に沿ってぐるりとナイフを入れて皿をかぶせ、裏返してバットからはずす。

a

b

c

Square Chiffon Cake：

Green Tea & Azuki Beans Chiffon Cake

宇治金時シフォン

目に飛び込む、鮮やかな抹茶の緑と淡い桜色がきれい。
小豆の控えめな甘さと桜の塩味が後押しして、
ついつい食べ進んでしまいます。
よりしっとりする翌日以降もおいしい。

材料／26×20×4cmのステンレス製バット1台分

A
- 卵黄 … 4個分
- きび砂糖 … 60g
- サラダ油 … 50g
- ゆで小豆 … 100g
- 牛乳 … 50g

メレンゲ
- 卵白 … 4個分(140g)
- グラニュー糖 … 40g

B
- 薄力粉 … 120g
- 抹茶 … 15g
- ベーキングパウダー … 小さじ1・1/4

桜の花の塩漬け(a) … 20g

下準備
- 卵白は冷蔵庫でよく冷やしておく。
  使うボウルごと冷やしておくとなおよい。
- 桜の花は洗って10分ほど水に浸して塩抜きする。
  ペーパータオルで水けを拭き、軸を取る。
  形のきれいなものは適量をトッピング用に
  そのまま残し、残りは細かく刻む。
- Bを合わせてふるう。
- バットに切りこみを入れたオーブンシート
  (p.76図参照)を敷く。
- オーブンを170℃に予熱する。

作り方

1 ボウルにAと下準備で刻んだ桜の花を入れ、すぐに泡立て器でよくすり混ぜて乳化させる。

2 メレンゲを作る。別のボウルに冷やした卵白を入れてグラニュー糖を一度に加え、ハンドミキサーの高速で角がピンと立つまで撹拌する。

3 1にBの半量を加え、泡立て器をまっすぐに立てて、混ぜる方向と反対にボウルを回しながら手早く混ぜる。2を半量加え、泡立て器で底からすくい返すようにして、メレンゲが完全に混ざりきらない程度に混ぜる。

4 3に残りのBを加え、ゴムベラに替えて、粉けがなくなるまで混ぜ、残りの2を加えて底からすくい返すようにむらなく混ぜる。

5 バットに4の生地を流し入れ、ゴムベラで生地の表面をならす。低い位置から台の上に、バットを数回落として中の空気を抜き、トッピング用の桜の花を散らす。

6 170℃のオーブンで約30分焼く。焼き上がったら、バットごと低い位置から台に落とし、焼き縮みを防ぐ。オーブンシートごとバットから取り出し、ケーキクーラーに移す。

a

Square Chiffon Cake :

Apricot Almond Chiffon Cake
アプリコットとアーモンドのシフォン

杏リキュールに漬けたドライアプリコットと
アーモンドで、生地に軽やかさをプラス。
端を揃えてストライプの粉糖でおめかしすると、
涼しげな装いのデコレーションに。

材料／26×20×4cmのステンレス製バット1台分

- A
  - 卵黄 … 4個分
  - きび砂糖 … 90g
  - サラダ油 … 30g
  - 水 … 30g
- ドライアプリコット … 50g
- アマレット（杏のリキュール）… 大さじ2
- メレンゲ
  - 卵白 … 4個分（140g）
  - グラニュー糖 … 40g
- B
  - 薄力粉 … 100g
  - アーモンドパウダー … 30g
  - ベーキングパウダー … 小さじ1
- スライスアーモンド … 20g
- 泣かない粉糖 … 適量

下準備
- 卵白は冷蔵庫でよく冷やしておく。使うボウルごと冷やしておくとなおよい。
- 耐熱容器にドライアプリコットとかぶるくらいの水を入れ、電子レンジで1分加熱する。水けを拭いて粗みじんに切り、アマレットをふりかける（a）。
- Bを合わせてふるう。
- バットに切りこみを入れたオーブンシート（p.76図参照）を敷く。
- オーブンを170℃に予熱する。

作り方

1 ボウルにAを入れ、すぐに泡立て器でよくすり混ぜて乳化させる。下準備したアプリコットの漬け汁を加え、混ぜる。

2 メレンゲを作る。別のボウルに冷やした卵白を入れてグラニュー糖を一度に加え、ハンドミキサーの高速で角がピンと立つまで攪拌する。

3 1にBの半量を加え、泡立て器をまっすぐに立てて、混ぜる方向と反対にボウルを回しながら手早く混ぜる。2を半量加え、泡立て器で底からすくい返すようにして、メレンゲが完全に混ざりきらない程度に混ぜる。

4 3に残りのBを加え、ゴムベラに替えて、粉けがなくなるまで混ぜ、残りの2を加えて底からすくい返すようにむらなく混ぜる。

5 バットに4の生地を流し入れ、ゴムベラで生地の表面をならす。低い位置から台の上に、バットを数回落として中の空気を抜き、1のアプリコットとスライスアーモンドを散らす。

6 170℃のオーブンで約25分焼く。焼き上がったら、バットごと低い位置から台に落とし、焼き縮みを防ぐ。オーブンシートごとバットから取り出し、ケーキクーラーに移す。仕上げに泣かない粉糖をふるう。

a

Square Chiffon Cake:

Marble Chiffon Cake
マーブルシフォン

バニラとココア、2種類の生地でマーブル模様に。
マーブル模様をつけるときは、混ぜすぎず、
筋を描くようにすると美しい仕上がりに。
ちょっとした手みやげにも喜ばれます。

材料／26×20×4cmのステンレス製バット1台分

バニラ生地
- A
  - 卵黄 … 3個分
  - きび砂糖 … 70g
  - サラダ油 … 30g
  - 水 … 30g
  - バニラオイル … 少々
- B
  - 薄力粉 … 90g
  - ベーキングパウダー … 小さじ1/2

ココア生地
- ココアパウダー … 15g
- グラニュー糖 … 40g
- 牛乳 … 20g
- 卵黄 … 1個分
- サラダ油 … 25g
- C
  - 薄力粉 … 30g
  - ベーキングパウダー … 小さじ1/4

メレンゲ
- 卵白 … 4個分(140g)
- グラニュー糖 … 40g

下準備
- 卵白は冷蔵庫でよく冷やしておく。
  使うボウルごと冷やしておくとなおよい。
- BとCをそれぞれ合わせてふるう。
- バットに切りこみを入れたオーブンシート
  (p.76図参照)を敷く。
- オーブンを170℃に予熱する。

作り方

1. メレンゲを作る。ボウルに冷やした卵白を入れてグラニュー糖を一度に加え、ハンドミキサーの高速で角がピンと立つまで攪拌する。バニラ生地用に120gを取り分け、残りはココア生地に使う。

2. バニラ生地を作る。別のボウルにAを入れ、すぐに泡立て器でよくすり混ぜて乳化させる。Bの半量を加え、泡立て器をまっすぐに立てて、混ぜる方向と反対にボウルを回しながら手早く混ぜる。

3. 2に1のバニラ生地用120gの半量を加え、泡立て器で底からすくい返すようにして、メレンゲが完全に混ざりきらない程度に混ぜる。残りのBと1を順に加え、ゴムベラに替えて、粉けがなくなるまでむらなく混ぜる。

4. ココア生地を作る。ボウルにココアパウダー、グラニュー糖を入れ、泡立て器でココアパウダーのダマがなくなるまで混ぜ、牛乳を加えてよく練り混ぜる。すぐに卵黄とサラダ油を加えて泡立て器でよくすり混ぜ、乳化させる。

5. 4にCの半量と1のココア生地用の半量を加え、泡立て器で底からすくい返すようにして、メレンゲが完全に混ざりきらない程度に混ぜる。残りのCと1を順に加え、ゴムベラに替えて、粉けがなくなるまでむらなく混ぜる。

6. バットに3のバニラ生地と5のココア生地を、数回に分けて交互に流し入れ(a)、ゴムベラで生地の表面をならす。低い位置から台の上に、バットを数回落として中の空気を抜く。菜箸の先で表面がマーブル模様になるよう、2〜3回なぞるように軽く混ぜる(b)。

7. 170℃のオーブンで約30分焼く。焼き上がったら、バットごと低い位置から台に落とし、焼き縮みを防ぐ。オーブンシートごとバットから取り出し、ケーキクーラーに移す。

a

b

Square Chiffon Cake :

Yuzu Ginger Chiffon Cake
柚子としょうがのシフォン

香りのいい柚子茶をたっぷりと使って、
上品な甘みとしっとり感をアップしました。
しょうがの搾り汁で後味もすっきり。
冷たくして食べてもおいしい。

材料／26×20×4cmのステンレス製バット1台分

A
- 卵黄 … 4個分
- きび砂糖 … 40g
- サラダ油 … 40g
- 牛乳 … 40g
- しょうがの搾り汁 … 10g
- 柚子茶(a) … 120g
- 柚子の皮のすりおろし … 1個分

メレンゲ
- 卵白 … 4個分(140g)
- グラニュー糖 … 40g

B
- 薄力粉 … 130g
- ベーキングパウダー … 小さじ1・1/4

柚子アイシング
- 柚子果汁 … 小さじ1・1/2
- 粉糖 … 40g
- 柚子の皮 … 適量

下準備
・卵白は冷蔵庫でよく冷やしておく。
　使うボウルごと冷やしておくとなおよい。
・Bを合わせてふるう。
・バットに切りこみを入れたオーブンシート
　(p.76図参照)を敷く。
・オーブンを170℃に予熱する。

作り方

1　ボウルにAを入れ、すぐに泡立て器でよくすり混ぜて乳化させる。

2　メレンゲを作る。別のボウルに冷やした卵白を入れてグラニュー糖を一度に加え、ハンドミキサーの高速で角がピンと立つまで攪拌する。

3　1にBの半量を加え、泡立て器をまっすぐに立てて、混ぜる方向と反対にボウルを回しながら手早く混ぜる。2を半量加え、泡立て器で底からすくい返すようにして、メレンゲが完全に混ざりきらない程度に混ぜる。

4　3に残りのBを加え、ゴムベラに替えて、粉けがなくなるまで混ぜ、残りの2を加えて底からすくい返すようにむらなく混ぜる。

5　バットに4の生地を流し入れ、ゴムベラで生地の表面をならす。低い位置から台の上に、バットを数回落として中の空気を抜く。

6　170℃のオーブンで約25分焼く。焼き上がったら、バットごと低い位置から台に落とし、焼き縮みを防ぐ。オーブンシートごとバットから取り出し、ケーキクーラーに移す。

7　柚子アイシングを作る。小さめのボウルに柚子果汁と粉糖を混ぜ、固ければごく少量の水を加えて調節する。6の表面にランダムにかけ、スプーンなどでさっと塗り広げる。柚子の皮をピーラーで細く削って散らす。

a

Square Chiffon Cake :

Sesame Cranberry Chiffon Cake
ごまとクランベリーのシフォン

見た目も愛らしいクランベリーの酸味と、
まったりとして香ばしい練りごまがよく合います。
子どももお年寄りも、みんなが好きな味です。

材料／26×20×4cmのステンレス製バット1台分

A
- 卵黄 … 4個分
- きび砂糖 … 90g
- 白練りごま … 30g
- サラダ油 … 30g
- 牛乳 … 70g

メレンゲ
- 卵白 … 4個分(140g)
- グラニュー糖 … 40g

B
- 薄力粉 … 110g
- アーモンドパウダー … 10g
- ベーキングパウダー … 小さじ1

白すりごま … 20g
ドライクランベリー … 60g
白いりごま … 10g

下準備
- 卵白は冷蔵庫でよく冷やしておく。使うボウルごと冷やしておくとなおよい。
- 耐熱容器にドライクランベリーとかぶるくらいの水を入れ、電子レンジで40秒加熱する。ペーパータオルで水けを拭いて細かく刻む。
- Bを合わせてふるう。
- バットに切りこみを入れたオーブンシート(p.76図参照)を敷く。
- オーブンを170℃に予熱する。

作り方

1 ボウルにAを入れ、すぐに泡立て器でよくすり混ぜて乳化させる。

2 メレンゲを作る。別のボウルに冷やした卵白を入れてグラニュー糖を一度に加え、ハンドミキサーの高速で角がピンと立つまで撹拌する。

3 1にBの半量を加え、泡立て器をまっすぐに立てて、混ぜる方向と反対にボウルを回しながら手早く混ぜる。2を半量加え、泡立て器で底からすくい返すようにして、メレンゲが完全に混ざりきらない程度に混ぜる。

4 3に残りのBを加え、ゴムベラに替えて、粉けがなくなるまで混ぜ、残りの2を加えて底からすくい返すようにむらなく混ぜる。すりごまと、下準備したドライクランベリーの半量を加えて混ぜる。

5 バットに4の生地を流し入れ、ゴムベラで生地の表面をならす。低い位置から台の上に、バットを数回落として中の空気を抜き、残りのドライクランベリーといりごまを散らす。

6 170℃のオーブンで約30分焼く。焼き上がったら、バットごと低い位置から台に落とし、焼き縮みを防ぐ。オーブンシートごとバットから取り出し、ケーキクーラーに移す。

Muffins, Pound Cakes, Square Chiffon Cakes

撮影	宮濱祐美子
デザイン	大島達也（Dicamillo）
編集・スタイリング	花沢理恵
料理名英訳	長峯千香代
校正	ヴェリタ
協力	アンティスティック　03-6452-4568
	エイチ・ピー・デコ　03-3406-0313
	オルネドフォイユ　03-3499-0140
	フィネスタルト　03-5734-1178
	プレイマウンテン　03-5775-6747
	リーノ・エ・リーナ　03-3723-4268
材料提供	cuoca（クオカ）　0120-863-639
	10:00〜18:00
	http://www.cuoca.com

吉川文子（よしかわふみこ）

お菓子研究家。洋菓子教室「Kouglof」主宰。1999年「きょうの料理大賞」にてお菓子部門賞受賞。藤野真紀子氏、近藤冬子氏らに師事。フランス伝統菓子をベースに新たなエッセンスを加えながら、手軽に作れておいしいレシピを研究。著書に『もうひとつ食べたくなる軽やかな焼き菓子』（家の光協会）、『バターなしでおいしいパイとタルト』（小社）がある。

バターなしでおいしい ケーキとマフィン
植物油を使うから作りやすくてふんわり、かろやか
NDC596

2015年5月23日　発行

著　者　吉川文子
発行者　小川雄一
発行所　株式会社 誠文堂新光社
　　　　〒113-0033　東京都文京区本郷3-3-11
　　　　（編集）電話03-5800-3614
　　　　（販売）電話03-5800-5780
　　　　http://www.seibundo-shinkosha.net/

印刷・製本　図書印刷 株式会社

©2015, Fumiko Yoshikawa
Printed in Japan
検印省略
禁・無断転載

落丁・乱丁本はお取り替え致します。

本書のコピー、スキャン、デジタル化等の無断複製は、著作権法上での例外を除き、禁じられています。本書を代行業者等の第三者に依頼してスキャンやデジタル化することは、たとえ個人や家庭内での利用であっても著作権法上認められません。

[JRRC]（日本複製権センター　委託出版物）本書を無断で複写複製（コピー）することは、著作権法上の例外を除き、禁じられています。本書をコピーされる場合は、事前に日本複製権センター（JRRC）の許諾を受けてください。
JRRC〈http://www.jrrc.or.jp/　E-mail: jrrc_info@jrrc.or.jp　電話03-3401-2382〉

ISBN978-4-416-71526-0